초등 공부
기초 체력

초등 공부 기초 체력

30일이면 완성되는 스스로 공부 습관

류창진 지음

pazit

* 추천사 *

이윤주

영남대 교육학과 교수/영남대 교육개발센터장

아이들은 마음이 단단해질 때 비로소 배움 앞에서 용기를 냅니다. 그래서 초등 시기에 필요한 것은 '더 많은 공부'가 아니라, 자신을 믿는 힘과 하루를 스스로 만들어가는 기초 체력입니다. 이 책이 가장 빛나는 지점은 바로 그 출발점을 놓치지 않았다는 점입니다. 저자는 30일이라는 시간 안에 아이의 마음을 먼저 북돋우고, 그 위에 공부 습관과 학습 기술을 자연스럽게 쌓아가는 과정을 섬세하게 설계하였습니다. 이는 오랜 시간 아이들을 가까이에서 바라본 현직 교사이기에 가능한 통찰이며, 교육자로서의 따뜻한 철학이 고스란히 담긴 결과물입니다.

초반의 '마음 근육 단련 10일'은 단순한 동기부여가 아닙니다. 스스로를 이해하는 힘, 감정을 조절하는 힘, 관계 속에서 나를 지키는 힘 등 아이들의 일상에서 가장 자주 흔들리는 지점을 따스하게 다잡아주는 과정입니다. 학습 전문가의 시선에서 보자면, 이는 장기적인 학습 성장을 가능하게 하는 핵심 기반입니다. 이어지는 공부 습관과 공부 실력 단계에서는 아이들에게 꼭 필요한 '생각하는 힘'과 '스스로 해내는 방식'을 명료하고도 일상적인 언어로 안내합니다. 시간 관리, 집중력, 메타인지, 독서·쓰기·말하기·교과 학습법까지, 초등 시기에 반드시 한 번은 제대로 배워야 할 내용들을 담되, 아이들이 따라 했을 때 실제 변화를 경험하도록 구성되어 있다는 점이 매우 인상 깊습니다.

30일을 마무리하는 활동들 또한 단순한 체크리스트가 아닙니다. 아이가 스스로 "나는 이렇게 자라났구나"라고 느끼도록 돕는 작은 의식이며, 앞으로의 배움을 이어가는 마음의 불씨가 됩니다. 이 책은 공부 방법만 알려주는 책이 아닙니다. 아이의 마음을 먼저 안아주고, 그 마음 안에서 '배우고 싶어지는 힘'을 길러주는 책입니다. 그리고 그것이야말로 제가 오랫동안 교육 현장과 상담 현장에서 보아온, 아이들이 진정으로 성장할 때 나타나는 가장 아름다운 모습입니다.

30일 후, 아이는 더 잘하는 학생이 되어 있을지도 모릅니다. 그러나 그보다 더 중요한 변화, 즉 스스로에게 기대를 걸 줄 아는 학생이 되어 있을 것입니다. 그 변화를 믿고 기다려 주신다면, 이 책은 반드시 그 약속을 지켜줄 것이라고 확신합니다.

부모님과 초등학생들께 이 책을 흐뭇하고 따뜻한 마음으로 추천합니다.

도미향

남서울대 아동복지학과 교수/한국 부모교육학회장/마스터 코치

아이의 공부 고민을 '의지 부족'으로만 보던 부모에게 이 책은 실질적인 해법을 제시합니다.

코칭 전문가의 시각에서 보았을 때, 아이가 변하는 핵심은 혼내기나 반복 연습이 아니라 작은 성공 경험을 스스로 만들어가는 과정입니다.

이 책은 바로 그 과정을 30일간 단계별로 안내합니다. 초등 시기 형성되는 학습 태도와 습관을 질문을 통해 쉽게 다가가게 해주고, 구체적 활동으로 잡아주어, 부모가 아이의 변화를 바로 확인할 수 있다는 점이 큰 장점입니다.

본서는 집에서 실천 가능한 최고의 성장 코칭서입니다.

* 프롤로그 *

초등학생 때 만든 습관이 평생을 좌우합니다

"아이가 숙제나 과제를 제때 마무리하지 못합니다."

"공부를 해야 하는 상황이라면 일단 피하고 봐요."

"책상에 앉아 있어도 딴짓만 해요."

교육 현장에서 만난 수많은 학부모님들이 하시는 말씀입니다.

어른들은 아이들이 무언가에 몰두하지 못하는 상황을 '의지 부족'이나 '게으름' 탓으로 여깁니다. 하지만 제가 교육 현장에서 아이들을 만나며 깨달은 것은, 대부분의 아이들은 '나도 무언가를 잘하고 싶어.'라는 생각을 갖고 있다는 사실입니다. 다만 '어떻게 앞으로 나아가야 하는지' 구체적인 방법을 모를 뿐입니다.

초등학교 시기는 평생의 학습 습관과 태도가 형성되는 결정적 시기입니다. 이 시기에 건강한 마음가짐을 갖고, 올바른 학습 습관을 익히며, 효과적인 공부 방법을 배운 아이들은 중학교, 고등학교를 거쳐 성인이 되어서도 그 힘으로 살아갑니다. 학업과 관련 없는 길을

걷게 되더라도 말입니다.

하지만 안타깝게도 많은 아이들이 제대로 된 안내를 받지 못하고 '학습은 힘들고 어려운 것'이라는 부정적 인식만 쌓아가고 있습니다. 저는 이러한 현실이 아이들의 문제가 아니라, 우리 어른들이 아이들에게 적절한 도구와 방법을 제공하지 못한 탓이라고 생각합니다.

30일, 변화를 경험하기에 충분한 시간

이 책은 그러한 고민 끝에 탄생했습니다. 2017년부터 교실에서 아이들을 만나며 경험한 것들, '다시, 학교 공부' 네이버 프리미엄 콘텐츠 채널을 통해 구독자분들과 소통하며 나눴던 고민들, 그리고 학교 현장에서 학부모님 학생들과 나눴던 수많은 대화들이 이 책의 바탕이 되었습니다. 이론이 아닌 현장에서 검증된, 실제로 아이들에게 효과가 있었던 방법들만을 담으려 했습니다.

초등학생 아이들이 스스로 읽고 실천하면서 공부에 대한 태도를 바꾸고, 구체적인 학습 방법을 익힐 수 있도록 구성했습니다.

'30일'이라는 기간을 설정한 데에는 이유가 있습니다. 심리학 연구에 따르면 새로운 습관이 자리 잡기 위해서는 최소 21일의 시간이 필요하다고 합니다. 또한 30일은 우리 아이들의 방학 기간과도 비슷해서, 학기 중 바쁜 일상에서 벗어나 새로운 시작을 준비하기에 적절합니다.

이 책은 단순히 '공부 잘하는 방법'을 알려주는 책이 아닙니다. Part 1에서는 공부의 토대가 되는 마음가짐을, Part 2에서는 실천 가능한 학습 습관을, Part 3에서는 과목별 구체적인 공부 방법을 다룹니다. 마음과 습관이라는 두 기둥이 튼튼하게 자리 잡아야 비로소 진짜 공부 실력이 쌓일 수 있다고 믿기 때문입니다.

이 책을 어떻게 활용하면 좋을까요?

먼저, 이 책은 아이 혼자서도 충분히 읽고 따라 할 수 있도록 쉬운 언어로 쓰였습니다. 매일 하나씩 읽고 활동을 해나가다 보면 어느새 30일이 지나 있을 것입니다.

하지만 보호자께서 함께해주신다면 효과는 배가 됩니다. 아이가 오늘 무엇을 배웠는지, 어떤 활동을 했는지 대화를 나누어 보세요. 아이의 작은 변화를 발견하고 칭찬해 주세요. 때로는 보호자께서도 함께 실천해 보시면 좋습니다. "엄마도 오늘 계획표를 작성해봤어"라고 말하는 것만으로도 아이에게는 큰 동기부여가 됩니다.

완벽하게 매일 해내지 못해도 괜찮습니다. 하루이틀 건너뛰었다고 포기하지 마세요. 다시 시작하면 됩니다. 중요한 것은 끝까지 완주하는 것이 아니라, 그 과정에서 아이가 조금씩 변화하고 성장하는 경험을 하는 것입니다.

모든 아이는 성장할 준비가 되어 있습니다

이 책을 집필하면서 가장 많이 생각한 것은 “어떻게 하면 아이들 스스로 성장할 수 있게 도울 수 있을까” 였습니다. 어른이 끌고 가는 것이 아니라, 아이가 스스로 걸어가는 경험을 제공하는 것, 스스로 할 수 있다고 믿게 하는 것이 진짜 교육이라고 믿습니다.

이 책을 읽는 모든 아이들이 “나도 할 수 있구나”, “공부가 생각보다 재미있을 수 있구나” 를 경험하길 바랍니다. 그리고 30일 후 아이 스스로 조금 더 성장한 자신을 발견하는 기쁨을 느끼길 소망합니다.

류창진

초등학교 교사

네이버 프리미엄 콘텐츠 인문 분야 1위 〈다시, 학교 공부〉 운영

* 차례 *

+ 시작

공부 성장에 꼭 필요한 5가지 준비 운동

Part 1 튼튼한 마음 근육을 키우는 10일

+ 1교시

마음 다지기

+ 2교시

마음 키우기

+ 쉬는 시간

몸과 마음을 채우는 5가지 이야기

Part 2 똑똑한 공부 습관을 만드는 10일

+ 3교시

공부 습관 다지기

+ 4교시
공부 습관 키우기

+ 점심시간
공부를 더 잘하게 해주는 6가지 방법

Part 3 단단한 공부 실력을 완성하는 10일

+ 5교시
공부 실력 다지기

시작

공부 성장에 꼭 필요한 5가지 준비 운동

첫 번째 준비 운동

나의 공부 모습, 몇 점인지 살펴볼까요?

여러분, 안녕하세요!

30일 공부 트레이닝을 시작하기 전에, 각자 상황에 맞는 이 책 활용 방법을 알아보려고 해요.

모든 공부는 지금 내 모습을 정확히 파악하는 것에서 시작하거든요.

아래 질문에 솔직하게 답하고 점수를 세어 보세요.

점수 매기기: △ 1점, □ 2점, ○ 3점

1단계 질문: 마음 근육 점검하기		
실수하면 나는: △ 실망하고 포기해요. □ 다시 시도해요. ○ 실수에서 배울 점을 찾아요.	내가 하는 일에 대해: △ 틀릴까 봐 두려워요. □ 괜찮다고 생각해요. ○ 자신 있게 해요.	새로운 곳에 가면: △ 너무 힘들어요. □ 조금 어렵지만 괜찮아요. ○ 쉬운 편이에요.
친구와 싸우면: △ 그냥 피해요. □ 다른 사람의 도움을 받아 화해해요. ○ 서로 마음을 알아주려고 해요.	어려운 일을 만나면: △ 금방 포기해요. □ 꽤 오래 시도해요. ○ 끝까지 해결하려고 노력해요.	밤에 잠을: △ 자주 잘 못 자요. □ 대체로 잘 자요. ○ 매일 충분히 잘 자요.
나의 마음 근육 점수: ______점 / 18점		

2단계 질문: 공부 습관 점검하기		
수업 시간에: △ 자주 딴생각을 해요. □ 대체로 집중해요. ○ 항상 집중해요.	배운 내용을: △ 거의 다시 보지 않아요. □ 가끔 다시 봐요. ○ 자주 다시 봐요.	공부할 때 스마트폰이나 TV가: △ 항상 주변에 있어요. □ 가끔 주변에 있어요. ○ 거의 없어요.
책을: △ 거의 읽지 않아요. □ 가끔 읽어요. ○ 자주 읽어요.	수학 문제를 풀 때: △ 답만 빨리 찾으려고 해요. □ 모르면 선생님께 바로 여쭤봐요. ○ 여러 가지 방법으로 풀어 봐요.	실수하면: △ 숨기고 싶어요. □ 무시하고 넘어가요. ○ 뭔가 배울 수 있다고 생각해요.

나의 공부 습관 점수: ______점 / 18점

3단계 질문: 공부 방법 점검하기		
책을 읽은 후에: △ 책을 덮고 끝내요. □ 책 내용을 한 번 더 떠올려 보고 끝내요. ○ 다른 사람과 책에 대해 생각을 나눠요.	내 생각을 말로 표현하는 것을: △ 거의 해 보지 않았어요. □ 가끔 해봤어요. ○ 자주 해요.	내 생각을 글로 표현하는 것을: △ 거의 해 보지 않았어요. □ 가끔 해 봤어요. ○ 자주 해요.
수학 문제를 풀 때: △ 암산해요. □ 풀이를 여기저기 써 봐요. ○ 풀이를 정확히 쓰고, 풀이 과정을 다른 사람에게 설명도 해 봐요.	사회나 과학 공부할 때: △ 교과서만 읽어요. □ 중요한 부분을 표시하지만 다시 살펴보지는 않아요. ○ 배운 내용을 문제로 풀어 보고, 다른 사람에게 설명해 봐요.	공부하는 방법은요: △ 선생님이 시키는 대로만 해요. □ 공부 잘하는 친구들의 방법을 그대로 따라해요. ○ 나에게 맞는 공부 방법을 찾으려고 노력하고 실천해요.

나의 공부 방법 점수: ______점 / 18점

결과 보기		
18~30점: 기초부터 차근차근! 이렇게 해 봐요: • 책의 앞부분부터 차근차근 살펴봐요. • 특히 마음과 관련된 교시(1교시, 2교시)를 집중해 봐요. • 혼자 실천하기 어렵다면 부모님께 도움을 요청하세요.	31~42점: 부족한 부분만 채우면 OK! 이렇게 해 봐요: • 3단계 중에서 점수가 낮은 부분에 집중해 봐요. • 3교시, 4교시 '공부 습관 다지기' 를 중점적으로 읽어 보세요. • 점심시간 '공부를 더 잘하게 만들어 주는 6가지 방법'을 꼭 살펴봐요.	43~54점: 이미 잘하고 있어요! 이렇게 해 봐요: • 5교시 '공부 실력 다지기'부터 시작해도 좋아요. • 6교시 '공부 실력 키우기'를 중점적으로 보세요. • 친구들에게 배운 내용을 가르쳐주는 것도 좋은 방법이에요.

◎ 핵심 정리

- 시작: 모든 공부는 지금 내 모습을 정확히 아는 것에서 시작해요.
- 돌아보기: 마음가짐과 공부 습관을 솔직하게 돌아보는 시간을 가져요.
- 방법: 내 상황에 맞는 공부 방법을 찾는 것이 중요해요.

두 번째 준비 운동

초등학교 시기가 중요한 이유를 알아볼까요?

여러분들은 몇 년 전까지 유치원을 다녔을 거예요. 그때와 지금을 비교해 볼까요? 두 모습을 비교하다 보면 여러분들이 얼마나 발전했는지 알 수 있어요.

유치원 때의 내 모습은	초등학생이 된 지금 나의 모습
놀이로 세상을 배웠어요. 어른들의 도움을 많이 받았어요. 간단한 것만 이해할 수 있었어요.	책을 읽고 글을 써요. 스스로 할 수 있는 게 많아졌어요. 더 어려운 것도 배워요.

이런 큰 변화가 하루아침에 일어났을까요? 절대 아니에요! 매일매일 조금씩 노력하고 배우면서 지금의 멋진 여러분이 된 거예요.

꼭 기억해야 하는 것은, 지금 여러분이 보내는 초등학교 시기가 이런 성장이 가장 빠르게 일어나는 특별한 때라는 것이에요. 그래서 이 시기를 어떻게 보내느냐가 정말 중요하답니다.

초등학교 시기가 중요한 이유

1. 쑥쑥 성장하기

여러분의 몸과 마음은 지금 스펀지처럼 새로운 것을 쏙쏙 흡수하고 있어요. 지금 배운 것들은 오래오래 기억에 남아요.

2. 공부의 기초를 다지기

읽기, 쓰기, 덧셈, 뺄셈 같은 것들은 앞으로 만나게 될 모든 공부의 기초가 돼요. 지금 튼튼하게 다져 두면 나중에 더 어려운 공부도 조금 더 쉽게 도전할 수 있어요.

3. 좋은 습관을 만들기

집중, 질문, 경청 같은 좋은 습관은 지금 만들면 평생 도움이 돼요.

4. 스스로 생각하는 힘을 기르기

숙제나 준비물처럼 지금 당장해야 하는 일이 무엇인지 고민하고 실천할 수 있게 돼요.

'왜 그럴까' 하며 스스로 생각하고 질문하는 힘도 자라고 있어요

5. 친구와 함께하는 즐거움을 느끼기

혼자보다 친구들과 함께 배우면 훨씬 더 재미있고, 서로에게 배우면서 더 많이 성장할 수 있어요.

6. 나만의 재능을 발견하기

어떤 친구는 책 읽기를, 어떤 친구는 그림 그리기를, 또 어떤 친구는 수학을 좋아할 수 있어요. 초등학교에 다니며 내가 좋아하는 일을 발견하려고 노력해 봐요.

◎ 핵심 정리

- 기초: 초등학교 시절에는 앞으로 살아가는 데 필요한 기초를 다져요.
- 성장: 초등학교를 다니는 동안 여러분들은 크게 성장할 수 있어요.
- 습관: 초등학생 때 만든 습관은 평생 함께해요.

세 번째 준비 운동

알찬 하루를 보내는 방법

민준이와 하준이의 아침

따르릉~ 알람이 울립니다.

밤늦게까지 깨어 있던 민준이는 눈을 비비며 일어나 급하게 옷을 입습니다. "앗! 숙제를 못 했어!" 가방을 대충 챙겨 아침도 못 먹고 학교로 뛰어갑니다. 수업 시간에 민준이는 자꾸 하품을 하고, 선생님 말이 귀에 잘 안 들어와요.

아침이 밝자 하준이도 기지개를 켜고 일어납니다. 어제 준비해 둔 가방을 확인하고, 씻은 후 아침을 먹습니다. "오늘은 과학 시간에 식물을 관찰한대. 재밌겠다!" 하준이는 오늘 배울 내용을 생각하며 기대합니다. 수업 시간에 하준이는 선생님 말씀을 잘 듣고, 궁금한 것은 손을 들어 질문해요.

민준이는 급하게 하루를 시작해서 수업에 집중하기 어려웠어요. 하준이는 미리 준비해서 학교에서도 즐겁게 새로운 것을 배울 수 있었어요.

여러분의 하루는 누구와 더 가깝나요?

알찬 하루를 보내는 방법

1. 미리 준비하기

충분히 일찍 잠자리에 들어요. 잠들기 전에 내일 학교에 가져갈 것들을 미리 가방에 넣어두면 아침에 급하게 서두르지 않아도 돼요.

2. 오늘 하고 싶은 일 생각하기

오늘 꼭 끝내고 싶은 숙제를 하나 정해 보세요. 친구와 함께 하고 싶은 놀이도 생각해 두면 하루가 더 기대돼요.

3. 수업에 집중하기

선생님과 눈을 맞추고 고개를 끄덕여 보세요. 수업을 들으며, 중요한 내용 하나는 꼭 기억하려고 노력해 보세요.

4. 긍정적인 마음 갖기

작은 일도 잘했으면 스스로 칭찬해 주세요. 어려운 일이 생기면 부끄러워하지 말고 도움을 요청하세요.

5. 주변 사람들과 함께 시간 보내기

가족이나 친구와 함께하는 시간을 만들어 보세요. 고마울 때는 "고마워", 미안할 때는 "미안해"라고 말하는 것도 잊지 마세요.

6. 하루 마무리하기

잠들기 전에 오늘 배운 것 중 하나를 떠올려 보세요. 오늘 즐거웠던 일을 생각하며 잠들면 기분 좋게 하루를 마무리할 수 있을 거예요.

◎ 핵심 정리

- 준비: 전날 미리 준비하면 다음 날이 훨씬 편해져요.
- 긍정적인 마음: 긍정적인 마음가짐이 알찬 하루를 만들어요.
- 함께: 가족과 친구들과 함께하면 하루가 더 즐거워요.

네 번째 준비 운동

우리는 30일 동안 무엇을 배우게 될까요?

30일 공부 트레이닝으로 우리는 아래의 질문에 답할 수 있게 될 거예요. 먼저, 질문에 대한 내 생각을 떠올려 볼까요? 답을 하지 못해도 괜찮아요. 이 질문들에 대한 답을 찾아가는 과정이 30일 동안의 공부 트레이닝의 목표이니까요.

1. 마음 다지기

나를 믿는 마음은 어떻게 키울 수 있을까요?

좋은 습관은 어떻게 만들 수 있을까요?

2. 마음 키우기

친구들과 사이좋게 지내는 방법은 무엇일까요?

어려운 일도 끝까지 하려면 어떻게 해야 할까요?

3. 공부 습관 다지기

우리는 왜 실수를 할까요? 어떤 실수를 할까요?

집중을 방해하는 것들을 어떻게 없앨 수 있을까요?

4. 공부 습관 키우기

수업 시간에 더 집중하는 방법은 무엇이 있을까요?

배운 것을 오래 기억하려면 어떻게 해야 할까요?

5. 공부 실력 다지기

책을 재미있게 읽는 방법은 무엇일까요?

내 생각을 잘 말하고 쓰려면 어떻게 해야 할까요?

6. 공부 실력 키우기

수학을 잘하려면 어떻게 해야 할까요?

사회, 과학 시간에 배우는 내용을 더 잘 이해하려면 어떻게 해야 할까요?

◎ 핵심 정리

- 준비: 어떤 일을 시작하기 전에 해야 하는 일을 살펴보는 준비 과정이 필요해요.
- 마음과 습관: 좋은 마음과 습관을 갖추는 방법을 알아봐요.
- 실력: 과목별로 효과적으로 공부하는 방법을 익혀요.

다섯 번째 준비 운동

공부 다짐하기

30일 공부 트레이닝을 시작하기 전에, 지금의 나는 어떤 모습인지 알아보고 앞으로 어떤 모습이 되고 싶은지 생각해 봐요. 여행을 떠나기 전에 지도를 보는 것처럼, 지금의 나를 알고 목표를 정하면 30일 후 더 멋진 나를 만날 수 있을 거예요! 정답은 없으니까 솔직하게 써 봐요.

1. '공부' 마음 그림 그리기

'공부'라는 단어를 보고 떠오르는 생각을 자유롭게 적어 볼까요?

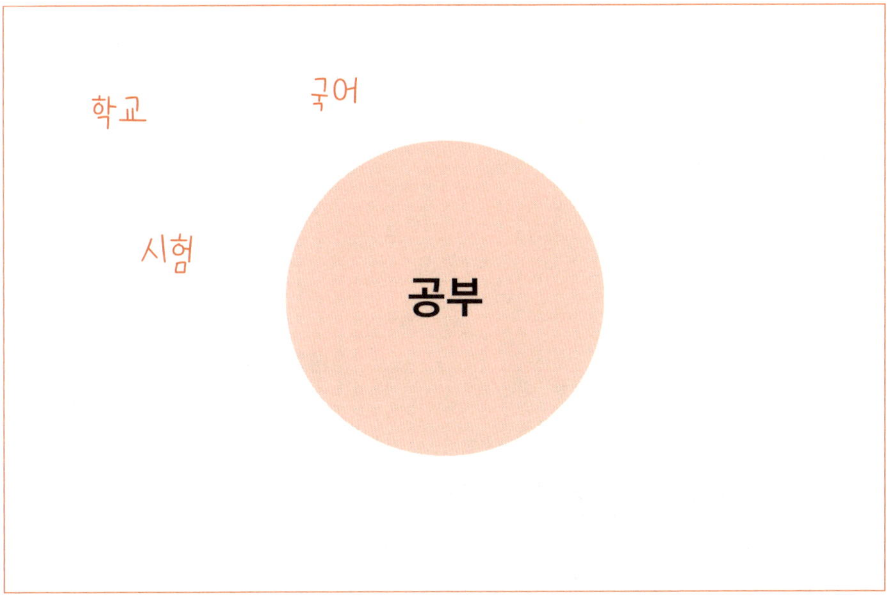

2. 나 돌아보기

지금의 나는 어떤 사람인지 적어 볼까요?

내가 좋아하는 것은 (   )이다.

내가 잘하는 것은 (   )이다.

내가 가지고 있는 좋은 습관은 (   )이다.

내가 더 잘하고 싶은 것은 (   )이다.

내가 고치고 싶은 습관은 (   )이다.

내 성격의 장점은 (   )이다.

내가 어른이 되면 하고 싶은 일은 (   )이다.

다른 사람에게 보여주고 싶은 나의 모습은 (   )이다.

3. 기대하는 내 모습

책 내용을 훑어보고, 30일 뒤 내가 어떤 모습이 되어 있을지 상상해서 적어 보세요.(예) 학교 수업 시간에 집중을 더 잘 하게 될 것이다.

1) 학교에서의 모습

---

2) 친구들과의 모습

---

3) 집에서의 모습

---

4. 나의 공부 다짐 카드

이 카드를 오려서 책상에 놓거나 공부방 벽에 붙여 두세요!

(예) 매일 잠들기 전 30분 동안 이 책을 소리 내어 읽겠습니다.

<공부 다짐>

나는 앞으로 30일 동안 이것을 실천하겠습니다.

1) ______________________________

2) ______________________________

3) ______________________________

위의 다짐을 꼭 지키겠습니다!

20_____ 년 _____ 월 _____ 일

이름 : (   )

5. 공부 다짐 소리 내어 읽기

매일 공부 다짐을 소리 내어 읽어 보고, 아래 칸에 도장이나 별표를 찍어 보세요!

1회	2회	3회	4회	5회
6회	7회	8회	9회	10회
11회	12회	13회	14회	15회
16회	17회	18회	19회	20회
21회	22회	23회	24회	25회
26회	27회	28회	29회	30회

◎ 핵심 정리

- **나:** 지금의 내 모습을 솔직하게 돌아보는 시간을 가져 봐요.
- **다짐:** 30일 동안 꼭 지키고 싶은 나만의 다짐을 해요.
- **확인:** 매일 다짐을 지켰는지 확인하고 기록해요.

Part 1

튼튼한 마음 근육을 키우는 10일

1교시

마음 다지기

Day 1

나를 믿는 힘은 어디에서 나올까요?

먼저 고민해 볼까요?

"나는 나를 믿는 편인가요?"

"나를 항상 응원해 주는 사람은 누구인가요?"

✦ 못생긴 그릇 ✦

어느 마을에 아주 못생긴 그릇이 하나 있었습니다. 다른 그릇들은 모두 예쁘고 반짝반짝 빛났지만, 이 그릇만은 울퉁불퉁하고 색깔도 칙칙했습니다.

"나는 왜 이렇게 못생겼을까? 아무도 나를 쓰고 싶어 하지 않을 거야." 그릇은 늘 슬퍼했습니다.

그런데 어느 날, 큰 잔치가 열렸습니다. 예쁜 그릇들은 모두 손님들 앞에 나갔지만, 못생긴 그릇은 구석에 남겨졌습니다. 그때 한 할머니와 손녀가 그릇을 가지러 나타났습니다. 할머니가 말했죠.

"아, 이 그릇이 있었구나! 바로 이 그릇이 우리 마을에서 가장 소중한 그릇이란다."

"왜요?" 손녀가 궁금해했습니다.

"이 그릇에 담긴 음식은 절대 상하지 않거든. 그래서 아픈 사람들을 위한 약초를 끓일 때 꼭 이 그릇을 써야 한단다."

그릇은 그제야 깨달았습니다. 자신에게도 특별한 능력이 있다는 것을요.

나를 믿는 힘을 기르는 방법

여러분은 스스로에게 어떤 말을 자주 하는 편인가요? "오늘 하루도 고생했어!"라고 격려하고 칭찬해 주나요? 우리가 자신에게 하는 말은 정말 중요하답니다.

❶ 나쁜 생각 떨쳐내고 지금에 집중하기

실수했던 기억이 자꾸 떠오를 때는 "지금은 그만!"이라고 말해 보세요. 그리고 지금 할 수 있는 일에 집중해 보세요. 숙제하기, 음악 듣기, 산책하기 등 뭐든 좋아요.

❷ 나만의 장점 찾고 키우기

모든 사람에게는 특별한 재능이 있어요. 달리기, 그림 그리기, 친구들을 즐겁게 하기, 공부하기…. 뭐든 좋아요. 자신만의 장점을 찾아서 더 키워 보세요. 1가지를 잘하게 되면 다른 것도 더 잘할 수 있게 되거든요.

❸ 응원해 주는 사람들과 함께하기

나를 격려해 주는 가족, 친구, 선생님이 있나요? 그런 사람들에게 "고마워요"라고 말하고, 나도 도움을 주려고 노력해 봐요. 서로 응원하는 관계가 우리를 더 강하게 만들어줘요.

❹ 포기하지 않고 작은 성공 쌓기

어떤 일이든 처음에는 어려워요. 하지만 포기하지 않고 계속 하다 보면 잘하게 돼요. 실패해도 괜찮아요. 실패는 성공을 위한 과정이에요. 실패가 쌓여야 성공으로 이어질 수 있거든요.

함께 해 보는 활동 시간

배운 내용을 돌아보는 OX 퀴즈

- 나만의 장점을 발견하는 것은 나를 믿는 힘을 키우는 데 도움이 된다. (　　)
- 나를 응원해 주는 사람들과 함께하는 것은 나를 더 강하게 만들어 준다. (　　)

빈칸에 알맞은 단어를 넣어 볼까요?

- 나쁜 생각이 떠오를 때는 지금 할 수 있는 작은 일에 (   )해 보세요.
- 실패는 성공을 위한 (   )이라고 생각하고 용기 있게 도전해 보세요.

나는 나를 얼마나 믿고 격려하고 있나요?

다음 질문에 솔직하게 답해 보세요.

✔표시 하고 점수 매기기

질문	그렇다 (3점)	보통이다 (2점)	아니다 (1점)
뜻대로 잘 되지 않아도 포기하지 않고 다시 시도하나요?			
열심히 노력하면 잘할 수 있다고 생각하나요?			
실수해도 "괜찮아, 다시 하면 돼"라고 말하나요?			
다른 사람의 장점을 쉽게 발견하고 칭찬하는 편인가요?			
내 감정을 솔직하게 표현하나요?			
내가 가진 단점을 이겨내기 위해 노력하고 있나요?			

* 점수가 높을수록 나 스스로를 충분하게 믿고 있다고 생각하면 좋아요.

내 장점 발견하기

나만의 특별한 무기(장점)를 찾아보세요.

내가 잘하는 것	
친구들이 말하는 내 장점	
앞으로 더 키우고 싶은 능력	
나에게 해 주고 싶은 한마디	

작은 성공 기록하기

오늘 배운 내용을 실천해 봐요! 오늘 하루 동안 내가 잘한 일 3가지를 적어 보세요.

작은 일이라도 좋아요. 숙제를 제시간에 낸 것, 친구에게 먼저 인사한 것도 모두 성공이에요.

1. ______________________________

____

2. ______________________________

____

3. ____________________

____

생각해 볼까요?

- 나를 믿는 힘이 있으면 어떤 점이 좋을까요?
- 나에게 용기를 주는 것은 무엇인가요? 왜 그렇게 생각하나요?
- 나만의 특별한 무기(장점)는 무엇이라고 생각하나요?

핵심 정리

- 나를 믿는 힘: 나를 믿는 힘은 나 자신을 소중하게 여기는 마음이에요.
- 격려: 나쁜 생각을 떨쳐내고 나를 격려하는 말을 해요.
- 작은 성공: 작은 일이라도 해낸 것은 모두 성공이에요.

Day 2

나는 어떤 사람인지 알아봐요

먼저 고민해 볼까요?

"내가 잘하는 것, 내가 좋아하는 것은 무엇인가요?
"실수한 나에게 어떤 말을 해주면 좋을까요?"

✦ 코이 물고기의 비밀 ✦

코이라는 물고기를 들어본 적이 있나요? 같은 종류의 코이 물고기라도 어디서 사는지에 따라 크기가 완전히 달라집니다. 작은 어항에서 키우면 10cm 정도밖에 자라지 않지만, 넓은 연못에서 키우면 60cm 이상까지 자라날 수 있어요.

일본의 어느 연구팀이 실험을 해 보았습니다. 똑같은 코이 새끼를 두 그룹으로 나누어 한 그룹은 작은 수조에서, 다른 그룹은 큰 연못에서 키웠습니다. 6개월 후 결과는 놀라웠어요. 작은 수조의 코이는 여전히 작았지만, 큰 연못의 코이는 훨씬 크게 자라났습니다.

왜 그럴까요? 넓은 연못에서는 마음껏 움직이며 여러 종류의 먹이를 찾아다니고, 물살과 싸우면서 근육도 발달시키기 때문이에요. 놀라운 점은 작은 수조에 있던 코이를 큰 연못으로 옮기면 다시 자라기 시작한다는 것입니다. 새로운 환경에서 새로운 성장이 가능하다는 뜻이죠.

나를 알아가는 방법

나와 가장 가깝지만 동시에 가장 알기 어려운 사람은 누구일까요? 친구? 부모님? 선생님? 정답은 바로 '나 자신'이에요.

우리는 매일 거울로 얼굴은 보지만, 정작 내 마음과 내 생각을 들여다보는 시간은 많지 않아요. 하지만 나를 잘 아는 것은 정말 중요해요.

코이 물고기는 큰 연못에서 새로운 경험을 하며 크게 자랐죠? 우리도 마찬가지예요. 다양한 활동에 도전하고, 새로운 사람들을 만나고, 여러 가지 경험을 하면서 내가 어떤 사람인지, 무엇을 좋아하고 잘하는지 알게 돼요. 작은 수조에만 갇혀 있던 코이가 큰 연못으로 옮겨가면 다시 자라듯이, 우리도 새로운 경험을 통해 내 안에 숨어 있던 능력을 발견할 수 있어요.

❶ 나와 대화하기

거울을 보면서 나 자신에게 질문해 보세요. "넌 뭘 좋아해?", "어떨 때 가장 기뻐?", "무엇을 잘해?", "어떤 순간이 즐거웠어?", "언제 스스로가 자랑스러웠어?" 그 질문에 대한 내 생각을 종이에 적어 보세요. 처음에는 어색하지만 나를 더 잘 알게 될 거예요.

❷ 다른 사람의 눈으로 나 바라보기

가족이나 친구에게 나에 대해 물어보세요. "내 성격의 장점이 뭐야?", "내가 잘하는 게 뭔지 알아?" 내가 생각하는 나와 다른 사람이 보는 나를 비교해 보면 내가 보지 못했던 새로운 나의 모습을 발견할 수 있어요.

❸ 새로운 경험에 용기 내어 도전하기

지금까지 해 보지 않았던 새로운 활동에 도전해 보세요. 새로운 스포츠, 악기, 만들기, 책 읽기 등 무엇이든 좋아요. 처음에는 두렵고 어색할 수 있지만, 새로운 경험을 통해 내 안에 숨어 있던 재능이나 흥미를 발견할 수 있어요.

❹ 도전하는 나를 격려하기

새로운 도전은 쉽지 않아요. 실수하고 실패할 수도 있죠. 하지만 그럴 때마다 "괜찮아, 지금 잘하고 있어", "실수는 성장의 과정이야", "포기하지 말고 조금만 더 해 보자" 같은 따뜻한 말로 나 자신을 격려해 보세요.

함께 해 보는 활동 시간

배운 내용을 돌아보는 OX 퀴즈

- 새로운 경험을 통해 나의 새로운 면을 발견할 수 있다. (　　)
- 다른 사람이 보는 나와 내가 보는 나는 항상 같다. (　　)

빈칸에 알맞은 단어를 넣어 볼까요?

- 새로운 (　　　)을 할 때마다 우리는 조금씩 성장해요.
- 나를 알기 위해서는 나 자신과 (　　　)를 나누는 것이 좋아요.

나의 경험 분류하기

지금까지 해 본 경험들을 다음과 같이 분류해 보세요.

경험의 종류	구체적으로 소개하기
재미있었던 경험	
어려웠지만 해낸 경험	
실패했지만 배운 게 많은 경험	
다시 도전하고 싶은 경험	

시도하고 싶은 새로운 경험 계획하기

앞으로 해 보고 싶은 새로운 경험을 계획해 보세요.

이번 달에 시도할 것	
이번 학기에 시도할 것	
올해 안에 시도할 것	
가장 기대되는 시도	

나를 위한 격려 메시지 만들기

새로운 도전을 할 때 나 자신에게 해줄 격려의 말을 만들어 보세요.

어려울 때	
실수했을 때	
포기하고 싶을 때	

(예)

"괜찮아, 처음엔 다 어려워. 천천히 하나씩 해 보자!"

"실수는 배우는 과정이야. 일단 도전해 보는 거야."

생각해 볼까요?

- 나 자신을 아는 것은 왜 중요할까요?
- 두려울 때 용기를 내본 적이 있나요?
- 친구가 새로운 도전을 힘들어 할 때 어떻게 도와줄 수 있을까요?

핵심 정리

- 경험: 새로운 경험을 통해 내가 좋아하는 것과 잘하는 것을 발견할 수 있어요.
- 시도: 새로운 것을 시도할 때는 실수와 실패가 따를 수 있지만 우리는 그 과정에서 성장해요.
- 나와의 대화: 나 자신과 대화하면서 스스로를 돌아보는 시간은 꼭 필요해요.

Day 3

나를 지키는 좋은 습관 만들기

먼저 고민해 볼까요?

"내가 생각하는 좋은 습관은 무엇인가요?"
"내가 가진 습관 중 고치고 싶은 것이 있나요?"

세계 장수마을의 비밀

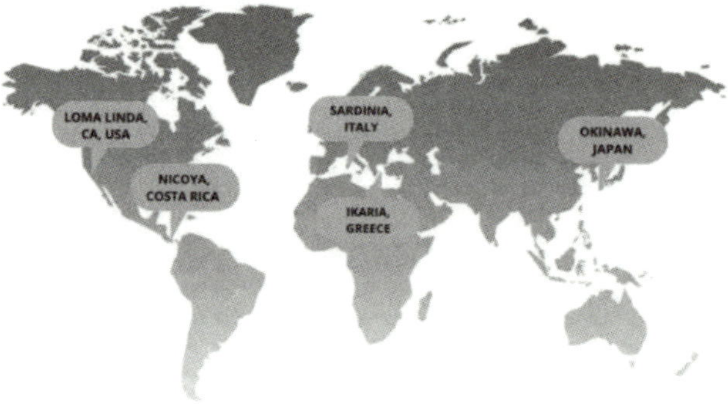

전 세계에는 100세를 넘어 건강하게 사는 사람들이 많은 특별한 마을들이 있어요. 과학자들은 이런 마을들을 '블루존Blue zones'이라고 부릅니다.

일본의 오키나와, 그리스의 이카리아 섬, 이탈리아의 사르데냐 같은 곳인데요. 이 마을에 사는 할머니, 할아버지들은 90세, 100세가 되어도 건강하게 텃밭을 가꾸고 친구들과 즐겁게 지내고 있어요.

과학자들이 10년 동안 이 마을들을 연구해서 발견한 놀라운 공통점이 있었습니다. 규칙적인 수면, 건강한 식사 습관, 꾸준한 운동이었어요. 과학자들은 "이런 작은 습관들이 모여서 건강한 100년 인생을 만든다"고 결론지었습니다.

좋은 습관을 만드는 방법

우리가 하루 종일 하는 행동 중 무려 43%가 습관이라고 해요. 그러니까 좋은 습관을 만드는 일은 매우 중요하다고 말할 수 있겠죠. 특히 여러분과 같은 초등학생 시기에 만든 습관은 평생 함께하는 친구가 될 가능성이 매우 높거든요.

❶ 바꾸고 싶은 습관 찾아보기

먼저 바꾸고 싶은 습관을 찾아볼까요? 늦게 자고 늦게 일어나고, 스마트폰을 너무 오래 사용하며, 숙제 미루는 것과 같은 습관 말이에요. 이런 습관을 발견하는 것이 변화의 첫걸음이에요.

❷ 주변 사람들과 함께 새로운 습관을 시도해 보기

혼자서 새로운 습관을 만드는 일은 너무 힘들어요. 그래서 함께 하면 조금 더 쉬워져요. 가족이나 친구들과 함께 같은 목표를 세우고 서로 응원해 봐요. "우리 가족 모두 9시에 잠자리에 들기", "친구와 함께 매일 인사하기" 같은 함께 실천하는 목표를 만들고, 실천한 날은 ○, 실천하지 못한 날은 ×를 달력에 표시해 보세요.

❸ 건강한 수면 습관 만들기

충분한 수면은 초등학생에게 가장 중요한 습관입니다. 왜냐하면 잠자는 동안 우리의 몸과 마음이 건강하게 성장하기 때문이에요. 초등학생에게는 9~11시간 정도의 수면 시간이 필요합니다. 침실을 어둡고 조용하게 만들고, 잠들기 2시간 전부터는 스마트폰을 사용하지 않는 것이 좋아요.

❹ 규칙적인 생활 습관 실천하기

매일 비슷한 시간에 일어나고, 식사하고, 공부하고, 놀고, 잠자리에 드는 습관을 만들어요. 규칙적인 생활은 활기찬 하루를 보낼 에너지를 만들어줘요.

함께 해 보는 활동 시간

배운 내용을 돌아보는 OX 퀴즈

- 우리 행동의 43%가 습관이다. (   )
- 좋은 습관을 만들 때는 간단하고 쉬운 것부터 시작하는 것이 좋다. (   )

빈칸에 알맞은 단어를 넣어 볼까요?

- 혼자서는 하기 힘든 일을 (   ) 실천하면 조금 더 쉽게 해낼 수 있어요.
- 잠들기 두 시간 전부터는 (   )을 멀리하는 게 좋아요.

나의 습관 점검하기

내가 가지고 있는 습관에 표시해 봐요.

좋은 습관	바꾸고 싶은 습관
☐ 정해진 시간에 잠자리에 들기	☐ 늦게 잠들고, 늦게 일어나는 것
☐ 규칙적으로 운동하기	☐ 잠들기 전에 스마트폰을 사용하는 것
☐ 매일 책 읽기	☐ 숙제를 미루는 것
☐ 가족과 친구들에게 먼저 인사하기	☐ 건강하지 않은 음식을 자주 먹는 것
☐ 사용한 물건 제자리에 정리하기	☐ 운동을 거의 하지 않는 것

- 내가 실천하고 싶은 좋은 습관은 무엇인가요? (   )
- 가장 먼저 고치고 싶은 습관은 무엇인가요? (   )

수면 방해꾼 찾기

우리의 수면을 방해하는 대표적인 방해꾼을 소개합니다. 어떻게 해결하면 좋을지 내 생각을 적어 보세요.

잠을 방해하는 것	해결 방법
침대에서 스마트폰을 사용하는 것	(예) 자러 갈 때는 거실에 스마트폰을 두기
저녁에 음식을 많이 먹는 것	(예) 내가 먹을 만큼만 그릇에 담기
낮 동안 신체 활동을 거의 하지 않는 것	(예) 점심시간에 친구와 운동장 산책하기

나의 건강한 생활 달력 만들기

일주일 동안 실천할 건강한 습관 3가지를 정하고, 달력에 매일 기록해 보세요.

(예) 밤 9시 전에 침대에 눕기 하루에 5번 이상 가족과 친구 칭찬하기, 하루 30분 집중하기

1.

2.

3.

달력에 기록한 습관을 실천했다면 ○, 실천하지 못했다면 ×를 표시합니다. 성공하지 못해도 괜찮아요, 매일 표시하는 것만으로도 대단한 일을 하는 겁니다.

생각해 볼까요?

- '세 살 버릇이 여든까지 간다'라는 속담의 뜻은 무엇일까요?
- 좋은 습관을 만들 때 가장 어려운 점은 무엇일까요?
  어떻게 극복할 수 있을까요?
- 친구가 습관을 고치지 못해 고민한다면 어떻게 도와줄 수 있을까요?

핵심 정리

- 습관: 좋은 습관을 만들고 싶다면, 작고 쉬운 것부터 시작해 봐요.
- 수면: 초등학생에게는 9~11시간 정도의 충분한 수면이 필요해요.
- 규칙: 규칙적인 생활 리듬이 건강한 삶의 기초가 돼요.

Day 4

우리 마음속에는 작은 동물이 살고 있어요

먼저 고민해 볼까요?

"어려운 일이 생겼을 때 나는 어떻게 대처하나요?"

"스트레스를 해소하는 나만의 방법이 있나요?"

✦ 과학자들이 발견한 감정의 비밀 ✦

뇌를 연구하는 과학자들이 실험을 했습니다. 사람들이 화가 날 때 뇌에서 어떤 일이 일어나는지 관찰해 본 것이에요.

실험 결과, 화가 날 때 우리 뇌에서는 '편도체'라는 작은 부분이 활발하게 움직인다는 사실을 발견했습니다. 편도체는 아몬드 크기만 한 아주 작은 부분인데, 갑작스러운 일이 생겼을 때 경보기처럼 작동해요.

더 놀라운 점은, 화가 난 순간부터 6초 후에는 편도체의 알람이 멈추기 시작한다는 것이에요. 과학자는 이 발견을 바탕으로 '6초 규칙'을 제안했어요. 화가 나거나 스트레스를 받을 때 1, 2, 3, 4, 5 그리고 6초만 참고 기다리면, 감정이 조금씩 가라앉는 것을 확인할 수 있어요.

건강한 마음을 지키는 방법

우리 모두의 마음속에는 작은 동물 한 마리가 살고 있어요. 평소에는 조용히 있지만, 갑작스러운 일이 생기면 이리저리 뛰어다니며 난리를 피워요. 이 작은 동물의 이름은 바로 '감정'이에요!

감정은 나쁜 것이 아니에요. 우리 모두에게 자연스럽게 생겨나는 것들이거든요. 중요한 것은 감정을 잘 돌보고 다루는 방법을 아는 거예요.

❶ 감정 느끼고 진정하기

우리 마음속에 갑자기 부정적인 감정이 생길 때 우리 몸은 여러 신호를 보내요. 심장이 두근거리고, 호흡이 빨라지고, 공격적인 말과 행동이 튀어나올 것 같아요. 이런 신호들이 느껴진다면 먼저 "아! 지금 내 마음이 흔들리고 있구나!"라고 스스로에게 말해 봐요. 그리고 30초까지 세며 천천히 심호흡을 해 보세요. 마음이 조금씩 편해지는 것을 느낄 수 있을 거예요.

❷ 감정을 정확한 언어로 표현하기

내 마음을 다른 사람에게 전할 때는 3단계로 나누어 말해 보세요.

- **상황 설명하기:** "아까 네가 나를 놀려서"
- **감정 설명하기:** "화가 나고 스트레스를 받았어."
- **바라는 점 말하기:** "앞으로는 하지 않았으면 좋겠어."

감정을 표현할 때는 구체적인 감정 단어를 사용해요. "기분 나빠" 대신 "실망스러워", "짜증나" 대신 "억울해"와 같은 구체적인 감정 단어를 사용하면 더 좋아요.

❸ 건강한 방법으로 스트레스 관리하기

스트레스를 쌓아 놓으면 몸과 마음에 나쁜 영향을 줄 수 있어요. 음악 듣기, 산책하기, 가족과 대화하기, 운동하기, 그림 그리기 같은 건강한 방법으로 스트레스를 해소해 보세요. 모든 스트레스가 나쁜 것은 아니에요. 적당한 스트레스는 우리가 더 열심히 하게 만들고, 새로운 것을 집중해서 배울 수 있게 도와줍니다.

❹ 마음 건강 지키기

건강한 생활 습관은 마음 건강을 지키는 가장 좋은 방법이에요. 충분한 수면, 규칙적인 운동, 건강한 식사, 가족이나 친구와 보내는 즐거운 시간을 가져봐요.

함께 해 보는 활동 시간

배운 내용을 돌아보는 OX 퀴즈

- 감정과 스트레스는 우리에게 자연스럽게 생겨나는 현상이다. (　　)
- 모든 스트레스는 나쁜 것이다. (　　)

빈칸에 알맞은 단어를 넣어 볼까요?

- 감정이 치밀어 오를 때는 속으로 (   )를 세며 마음을 진정시키는 것이 좋아요.
- 규칙적인 생활은 (   ) 건강을 지키는 좋은 방법이에요.

감정 알아차리기

다음 상황에서 내가 느낄 수 있는 감정을 찾아 적어 보세요.

상황	내가 느끼는 감정
시험을 앞두고 불안할 때	
친구와 다툰 후 화가 날 때	
발표를 앞두고 긴장될 때	
해야 할 숙제가 많을 때	
가족 행사로 놀이 약속을 취소해야 할 때	

<감정 단어>

□ 걱정스럽다 □ 두렵다 □ 긴장된다 □ 불안하다 □ 초조하다 □ 떨린다
□ 화 난다 □ 억울하다 □ 서운하다 □ 속상하다 □ 짜증 난다 □ 실망스럽다
□ 부끄럽다 □ 무섭다 □ 조마조마하다 □ 막막하다 □ 답답하다 □ 스트레스받는다
□ 피곤하다 □ 귀찮다 □ 힘들다 □ 아쉽다 □ 슬프다 □ 안타깝다

나의 감정 일기 쓰기

오늘 하루 동안 가장 기억에 남는 감정을 기록해 보세요.

언제인가요?	
어디인가요?	
어떤 상황이었나요?	
어떤 감정을 느꼈나요?	(예) 답답했다
내 몸에 어떤 변화가 있었나요?	(예) 머리가 뜨거워지는 것 같았다

나만의 스트레스 해소 방법 찾기

건강한 스트레스 해소 방법과 잘못된 스트레스 해소 방법을 분류해 볼까요?

건강한 방법	잘못된 방법

□ 음악 듣기 □ 물건 던지기 □ 산책하기 □ 일기 쓰기 □ 친구에게 화내기 □ 심호흡하기
□ 과식하기 □ 가족과 대화하기 □ 운동하기 □ 스마트폰만 보기 □ 그림 그리기
□ 따뜻한 차 마시기 □ 독서하기 □ 다른 사람 탓하기 □ 춤추기 □ 친구와 이야기하기
□ 반려동물과 놀기 □ 좋아하는 영화 보기 □ 요리하기 □ 목욕하기

실천해 보고 싶은 건강한 스트레스 해소 방법을 적어 볼까요?

생각해 볼까요?

- 만약 감정을 느끼지 못한다면 어떨까요?
- 소중한 사람이 화가 나서 힘들어할 때 어떻게 도와줄 수 있을까요?
- 우리 가족들은 스트레스를 어떻게 해소하나요?

핵심 정리

- 감정: 감정과 스트레스는 우리에게 자연스럽게 생기는 현상이에요.
- 표현: 감정을 느낄 때는 구체적인 감정 단어로 표현해 보세요.
- 해소: 건강한 방법으로 스트레스를 해소하고 규칙적인 생활로 마음을 지켜요.

Day 5 새로운 시작이 두렵다면 이렇게 해 봐요

먼저 고민해 볼까요?

"어떤 일을 새롭게 도전했던 경험이 있나요?"
"새롭게 시작한 일이 뜻대로 잘 안되었던 적이 있나요?"

런던 택시 기사들의 뇌에서 일어난 일

런던은 세계에서 가장 복잡한 도시 중 하나입니다. 런던에서 택시 기사가 되려면 지도를 보지 않고도 모든 길을 외워야 하는 아주 어려운 시험을 통과해야 해요. 보통 2~4년 동안 공부해야 하는 정말 어려운 시험입니다.

영국의 뇌 과학자들이 흥미로운 연구를 했어요. 택시 기사 시험을 준비하는 사람들의 뇌를 조사해 본 것이에요. 놀라운 결과가 나왔습니다! 복잡한 길을 외우는 과정에서 뇌의 '해마'라는 부분이 실제로 더 커졌다는 것입니다. 참고로, 해마는 우리 뇌에서 기억을 담당하는 곳이에요.

과학자들은 이 결과를 바탕으로 운동을 하면 근육이 커지는 것처럼 뇌도 사용할수록 발달한다는 사실을 발표했어요. 새로운 것을 배우거나 시도할 때 처음에는 어렵고 힘들지만, 그 과정에서 우리 뇌는 계속 성장하고 발달한다는 점을 알 수 있죠.

새로운 시작을 잘하는 방법

월요일 아침 알람이 울릴 때, 방학이 끝나고 개학하는 날, 새 학기가 시작되는 순간… 여러분은 어떤 기분을 느끼나요? 혹시 머리가 아프거나 배가 아픈 것 같은 느낌이 들지는 않았나요?

혹시 나만 이런 걸까요? 그런 걱정할 필요 없어요! 이건 너무나도 자연스러운 일이에요. 새로운 시작은 누구에게나 어려운 일이니까요. '천리 길도 한 걸음부터'라는 말처럼, 일단 앞으로 한 걸음씩 나아가면 결국 해낼 수 있다는 것 잊지 말아요.

❶ 용기 내어 미리 준비하기

'시작이 반이다'라는 말이 있듯이, 용기를 내어 첫걸음을 내딛는 순간 여러분은 이미 성공의 절반을 이룬 거예요! 새로운 시작이 걱정된다면 미리 준비해 보세요. 필요한 준비물을 체크하고, 해야 할 일들을 미리 정리해 보세요.

❷ 주변 사람들과 대화 나누기

친구나 가족, 선생님과 대화를 나눠 봐요. 감정과 이야기를 나누다 보면 마음이 한결 편해져요. 우리는 대부분 비슷한 고민을 한다는 것을 발견할 수 있거든요.

❸ 긴장되는 마음 진정시키기

새로운 상황에서 긴장하는 것은 당연해요. 긴장하는 것은 나쁜 것이 아니라 새로운 것에 도전하는 자연스러운 반응이에요. 이럴 때는 눈을 감고 심호흡을 깊게 해 보거나, 마음이 편안해지는 장소를 상상해 보세요.

❹ 실패를 성장의 기회로 받아들이기

새로운 시작에는 실수와 실패가 따를 수 있어요. 하지만 그것들은 모두 성장의 소중한 과정이에요. 에디슨이 수천 번의 실패 끝에 전구를 발명한 것처럼, 실패 없이 성공은 존재하지 않아요.

함께 해 보는 활동 시간

배운 내용을 돌아보는 OX 퀴즈

- 새로운 환경에서 긴장하는 것은 잘못된 것이다. (　　)
- 실패는 성장의 과정 중 하나이다. (　　)

빈칸에 알맞은 단어를 넣어 볼까요?

- 시작이 (　　　)이라는 속담이 있어요.
- 긴장될 때는 눈을 감고 (　　　)을 깊게 해 보세요.

나만의 친구 상담소 운영하기

새로운 상황에 놓인 친구들에게 어떤 조언을 해줄 수 있을까요? 아래의 친구 한 명을 골라서 여러분만의 따뜻한 조언을 적어 주세요.

- ☐ 새로운 학교에 전학 간 민준
- ☐ 친하지 않은 친구들과 한 모둠이 된 서윤
- ☐ 수학 공부를 하다가 어려운 문제를 만난 지우

조언하기

작은 성공 떠올리기

내가 노력해서 얻은 성공이 있나요? 작은 성공도 괜찮아요. 그때 느꼈던 생각과 감정을 간단히 적어 봐요.

나의 작은 성공	느꼈던 생각과 감정
'줄넘기 1단 넘기'를 쉬지 않고 500개를 성공했다.	꾸준히 연습하면 다 할 수 있다는 생각이 들었다.

나중에 이루게 될 큰 성공 상상하기

언젠가 이루고 싶은 꿈이 있나요? 꿈은 생각으로 하는 것보다 말로 할 때, 말로 하는 것보다 글로 적을 때 분명해진다고 해요.

5년 뒤	
10년 뒤	
20년 뒤	

(예)
5년 뒤: 피아노 발표회에서 멋진 연주하기
10년 뒤: 내가 원하는 음악대학교에 입학하기
20년 뒤: 많은 사람에게 감동을 주는 음악가 되기

생각해 볼까요?

- 새로운 시작은 왜 힘들게 느껴질까요?
- 새로운 도전을 할 때 가장 중요한 것은 무엇이라고 생각하나요?
- 친구가 새로운 일을 두려워할 때 어떻게 도와줄 수 있을까요?

핵심 정리

- 적응: 새로운 시작은 누구에게나 어려운 일이므로 긴장해도 괜찮아요. 곧 적응할 수 있을 거예요.
- 준비: 미리 준비하고 주변 사람들의 도움을 받으면 잘 해낼 수 있어요.
- 성장: 실패와 성공 모두 성장으로 나아가는 데 필요한 소중한 경험이에요.

2교시

마음 키우기

Day 6

친구 관계를 지키는 방법을 알고 있나요?

먼저 고민해 볼까요?

"나의 가장 친한 친구는 누구인가요? 왜 그 친구가 소중한가요?"
"친구와 다툰 적이 있나요? 그때 갈등을 어떻게 해결했나요?"

✦ 우리가 평생 만나는 사람의 숫자 ✦

영국에 살고 있는 로빈 던바 교수가 흥미로운 연구를 발표했습니다. 사람이 평생 만나는 사람의 숫자와 관계에 대한 연구였어요. 연구 결과에 따르면, 우리가 평생 만나는 사람은 약 8만 명 정도라고 합니다. 정말 많은 숫자죠? 하지만 이 중에서 인사를 하며 가깝게 지내는 사람은 몇 명일까요? 놀랍게도 150명이었습니다. 조금 더 자세히 살펴볼까요?

- 가장 친한 친구: 5명
- 가까운 친구: 15명
- 주기적으로 연락하는 친구: 50명

이 연구를 보면 지금 여러분 곁에 있는 친구들이 얼마나 소중한지 알 수 있어요. 수만 명 중에서 만난 특별한 인연이니까요

친구와 좋은 관계 맺는 방법

세상에는 정말 많은 사람들이 살고 있어요. 전 세계에 80억 명, 우리나라에만 5천만 명이나 되죠. 이렇게 많은 사람들 중에서 지금 여러분 옆에 있는 친구들을 만난 것은 정말 특별한 일이에요.

하지만 때로는 친구와의 관계가 어려울 때도 있어요. "왜 내 마음을 몰라줄까?", "친구가 나를 무시하는 것 같아" 하고 속상할 때도 있죠. 친구 관계를 건강하게 유지하는 것은 정원을 가꾸는 것과 비슷해요. 매일 물을 주고 관심을 갖고 돌봐야 예쁜 꽃이 피는 것처럼, 친구 관계도 서로에게 관심을 가지고 배려할 때 건강한 관계를 이어 나갈 수 있어요.

❶ 먼저 다가가서 인사하고 관심 갖기

모든 관계의 시작은 인사예요. 친구를 만날 때 웃으며 반갑게 "안녕!"이라고 말해 보세요. 그리고 친구의 기분이나 달라진 모습에 관심을 가져 봐요. "오늘 기분이 어때?", "새로 산 가방 예쁘다"와 같은 작은 관심이 친구에게는 큰 힘이 돼요.

❷ 친구의 생각과 감정 존중하기

모든 사람은 각자 다른 생각과 감정을 가지고 있어요. 내 생각과 다르더라도 친구의 의견을 귀 기울여 들어 보세요. “그런 생각도 있구나”, “네 마음을 이해해”라고 말해 주는 것만으로도 친구는 존중받는다고 느껴요.

❸ 친구와 함께하는 시간을 소중히 여기기

친구와 함께할 때는 스마트폰보다 친구에게 집중하세요. 대화할 때는 친구의 눈을 보며 경청하는 자세가 중요해요. “그 이야기 정말 재밌다!”, “더 자세히 들려줘!”라고 말하며 관심을 표현해 보세요.

❹ 갈등 상황에서 대화로 해결하기

친구와 의견이 다르거나 다툼이 생겼을 때는 화를 내기보다 차분하게 대화해 보세요. “내 생각은 이래, 네 생각은 어때?”라고 서로의 마음을 이해하려고 노력해요.

함께 해 보는 활동 시간

배운 내용을 돌아보는 OX 퀴즈

- 친구와 갈등이 생겼을 때는 대화로 해결하는 것이 가장 좋다. (　　)
- 모든 사람은 각자 다른 생각을 가지고 있으므로 친구의 의견을 존중해야 한다. (　　)

빈칸에 알맞은 단어를 넣어 볼까요?

- 모든 관계의 시작은 (　　　)입니다.
- 친구와 함께 할 때는 친구에게 (　　　)하는 것이 좋아요.

내 친구 관계 돌아보기

지금 내 주변 친구들과의 관계를 생각해 보고, 아래 질문에 솔직하게 답해(✔표시) 보세요.

나는 친구가 말할 때 귀 기울이는 편인가요?	항상 그렇다 ☐	그런 편이다 ☐	그렇지 않다 ☐
친구가 어려움에 처했을 때 도와주려고 노력하나요?	항상 그렇다 ☐	그런 편이다 ☐	그렇지 않다 ☐
친구와 의견이 다를 때 이야기로 해결하려고 노력하나요?	대화를 나눈다 ☐	내 의견을 고집한다 ☐	그냥 넘어간다 ☐

* '항상 그렇다'가 많으면 좋은 친구 관계를 위해 노력한다고 볼 수 있어요.

좋은 친구가 되기 위한 실천 계획

건강한 친구 관계를 맺기 위한 방법은 다양합니다. 이번 주에는 무엇을 실천해 볼까요?

- ☐ 친구에게 먼저 다가가기
- ☐ 친구의 이름 불러주기
- ☐ 친구의 말에 집중해서 듣기
- ☐ 내가 생각하는 방법 ____________________

____

친구 관계 상황별 대처법

다음 상황에서 어떻게 행동할지 적어 보세요.

상황	어떻게 행동할까요?
친구가 슬퍼하고 있을 때	
친구와 의견이 달라서 다툰 후	
새로 온 전학생이 혼자 있을 때	

생각해 볼까요?

- 친구가 나를 소중하게 대하지 않는다면 어떤 기분이 들까요?
- 마음이 잘 맞지 않는 친구와 잘 지내기 위해 내가 할 수 있는 노력은 무엇일까요?
- 친구가 실수했을 때 어떻게 행동하는 것이 친구를 배려하는 행동일까요?

핵심 정리

- 존중: 친구는 나만큼 소중한 존재이므로 친구의 생각과 감정을 존중해요.
- 관심: 따뜻한 인사와 작은 관심으로 친구와 가까워져요.
- 대화: 갈등이 생겼을 때는 화내지 말고 대화로 해결해요.

Day 7

약속과 사과에 숨겨진 비밀

먼저 고민해 볼까요?

"모두가 약속을 지키지 않는다면 어떤 일이 벌어질까요?"
"잘못을 했지만 사과하기 어려웠던 적이 있나요?"

✦ 지하철에서 일어난 2가지 상황 ✦

첫 번째 상황

지하철에 할머니 한 분이 타셨는데 자리가 없었습니다. 한 중학생이 일어나서 자리를 양보했어요. 할머니는 고맙다고 하셨고, 주변 사람들은 따뜻한 미소를 지었습니다.

두 번째 상황

같은 지하철 승강장에서 한 사람이 담배를 피우기 시작했습니다. 사람들이 기침을 하고 불편해했어요. 이때, 역무원이 와서 "지하철에서는 금연입니다. 벌금 10만 원입니다"라고 말했습니다.

무엇이 다를까요?

첫 번째 상황은 착한 마음에서 우러나오는 '도덕'이에요.
두 번째 상황은 지키지 않으면 벌을 받는 '법'이랍니다.
도덕과 법 모두 우리가 함께 행복하게 살기 위해 필요한 규칙이에요.

우리 모두를 지키는 방법

일상을 보내다 보면 지켜야 하는 규칙이 정말로 많죠? 학교에서는 '수업 시간에는 조용히 하기', 집에서는 '신발은 신발장에 정리하기', 길에서는 '횡단보도에서 신호 지키기' 같은 것들 말이에요. 규칙은 모두를 위해 꼭 지켜야 해요.

그런데, 누구나 실수로 규칙을 어길 수도 있습니다. 이럴 때 필요한 것이 바로 '사과'예요. 진심 어린 사과는 다친 마음을 치유하고 관계를 회복시키는 마법 같은 힘이 있답니다.

❶ 약속이 중요한 이유 알기

'차례 지키기'는 모두가 공평하게 기회를 갖기 위한 약속이고요. '친구에게 거짓말하지 않기'는 서로 존중하는 관계를 만들기 위한 약속입니다. 이런 약속들은 모두 우리가 서로를 존중하고 공평하게 지내기 위해 필요해요.

❷ 작은 약속부터 시작하기

시간 약속, 정리정돈, 차례 지키기부터 시작해 봐요. 작은 규칙을 잘 지키는 사람이 중요한 규칙도 잘 지킬 수 있어요. 처음부터 모든 규칙을 완벽하게 지키려고 하지 말고, 하나씩 천천히 익혀 나가세요.

❸ 진심으로 사과하는 법 배우기

실수했을 때는 눈을 보며 "미안해"라고 말하세요. 사과는 용기 있는 행동이에요. 좋은 사과를 하려면 이렇게 해 보세요.

- **첫째, 진심을 담아 미안함을 말해요.**
- **둘째, 무슨 일이 있었는지 간단히 설명해요.**
- **셋째, 문제를 해결하는 데 도움을 주겠다고 말해요.**
- **넷째, 같은 실수를 반복하지 않겠다고 약속해요.**

❹ 사과를 기다려 주는 마음 갖기

때로는 상대방이 내 사과를 바로 받아주지 않을 수도 있어요. 화가 많이 났거나, 아직 마음이 준비되지 않았을 수 있거든요. 이럴 때는 억지로 받아달라고 하지 말고 기다려 주세요. 진심이 담긴 사과였다면 시간이 지나면서 상대방도 마음을 열게 될 거예요.

함께 해 보는 활동 시간

배운 내용을 돌아보는 OX 퀴즈

- 규칙은 모두가 행복하게 살기 위해 꼭 필요한 약속이다. (　　)
- 사과는 용기 있는 행동이다. (　　)

빈칸에 알맞은 단어를 넣어 볼까요?

- (　　) 규칙을 잘 지키는 사람이 중요한 규칙도 잘 지킬 수 있어요.
- (　　)이 담긴 사과는 상대방의 마음을 여는 힘을 가지고 있어요.

규칙이 없는 세상 상상하기

만약 세상에 규칙이 전혀 없다면 어떤 일이 벌어질지 상상해서 적어 보세요.

학교에서	
길에서	
집에서	

(예)
학교에서: 모두가 수업 시간에 큰 소리로 떠든다면?
길에서: 신호등이 없다면?
집에서: 정리정돈을 아무도 안 한다면?

사과에 대한 명언 읽어 보기

다음 명언들을 읽고, 가장 마음에 드는 것을 골라 보세요.

① 사과는 아주 어색한 순간을 좋은 선물로 바꾼다.

② 실행이 없는 사과는 무의미하다.

③ 미래의 올바른 행동은 과거의 악행에 대한 최고의 사과다.

④ 좋은 사과는 세 부분으로 이뤄진다.

미안해, 내 잘못이야, 어떻게 바로잡을까?

내가 선택한 명언: ______번

이 명언을 선택한 이유와 내 생각 ________________________________

____

사과하는 말 연습하기

다음 상황에서 여러분이라면 어떻게 사과할지 적어 보세요.

친구의 물건을 실수로 망가뜨렸을 때	
약속 시간에 늦었을 때	
화가 나서 친구에게 심한 말을 했을 때	

생각해 볼까요?

- 내가 지켜야 하는 규칙 중에서 가장 중요하다고 생각하는 것은 무엇인가요?
- 나에게 피해를 준 친구가 사과를 하지 않는다면 어떤 기분이 들까요?
- 진심이 담긴 사과와 그렇지 않은 사과는 어떤 점이 다를까요?

핵심 정리

- 약속: 규칙은 모두가 안전하고 행복하게 지내기 위한 소중한 약속이에요.
- 사과: 잘못했을 때는 용기를 내어 진심으로 사과해요.
- 이해: 다른 사람을 이해하려면, 내 입장이 아닌 상대의 입장에서 한 번 더 생각해 보세요.

Day 8 포기하고 싶을 때 필요한, 시도하려는 마음

먼저 고민해 볼까요?

"포기하고 싶었지만, 끝까지 해낸 경험이 있나요? 그때 어떤 기분이었나요?"
"주변에서 끈기있게 노력하는 사람을 찾을 수 있나요? 누구인가요?"

✦ 라이트 형제 이야기 ✦

120년 전, 미국의 작은 자전거 가게에서 두 형제가 하늘을 올려다보며 말했어요. "사람도 새처럼 날 수 있을까?" 사람들은 웃었어요. "불가능해! 사람이 어떻게 하늘을 날아?"

라이트 형제는 수백 번 실패했어요. 만든 비행기가 추락하고, 사람들이 비웃어도 포기하지 않았죠. 1903년 12월 17일, 드디어 12초간 36미터를 날았어요. 인류 최초의 동력 비행이었죠.

그로부터 66년 후인 1969년, 아폴로 11호가 달에 착륙했어요. '불가능'이라던 달 여행이 현실이 된 거예요. 우리가 만나는 멋진 기술과 물건들은 "불가능해!"라는 말을 들어도 포기하지 않은 사람들 덕분에 세상에 등장했답니다. 여러분도 '불가능해!'라는 말을 들어도 포기하지 않는다면, 언젠가 멋진 일을 해낼 수 있을 거예요.

시도하려는 마음 기르는 방법

혹시 여러분도 "이건 너무 어려워…" 하며 포기하고 싶었던 일이 있나요? 그 마음, 정말 자연스러운 거예요. 하지만 그때가 바로 여러분이 성장할 수 있는 중요한 순간이랍니다.

포기하고 싶을 때 끝까지 해냈던 경험은, 앞으로 내가 더 잘할 수 있도록 도와줍니다. 작은 씨앗도 단단한 땅을 뚫고 나오면 큰 나무가 되는 것처럼요.

❶ 작은 목표부터 차근차근 시작하기

큰 목표는 때로 너무 부담스럽게 느껴져요. 그럴 때는 큰 목표를 작은 목표들로 나누어 보세요. 예를 들어, '책 10권 읽기'가 목표라면 '이번 주에 책 1권 읽기', '오늘 10페이지 읽기'로 나누어 시도해 보세요. 지금 당장 실천할 수 있는 작은 일부터 시작하는 것이 중요해요. 그게 더 멋진 마음이랍니다.

❷ 실패에서 배우기

실패는 부끄러운 것이 아니라 더 나은 방법을 찾는 소중한 과정이에요. 실패했을 때는 "왜 실패했을까?", "다음에는 어떻게 하면 더 잘할 수 있을까?"를 고민해 보세요. 실패를 통해 더 좋은 아이디어와 방법을 찾을 수 있어요.

존경하는 사람이 실패를 어떻게 극복했는지 알아보고, 그 방법을 참고해 봐요.

❸ "한 발자국만 더" 정신 기르기

포기하고 싶을 때가 가장 중요한 순간이에요. 그럴 때 "한 번만 더", "한 발자국만 더"라고 자신을 격려해 보세요. 그 한 발자국이 놀라운 차이를 만들어낼 거예요. 끈기 있게 노력하는 마음이 우리를 성장시켜 줘요.

❹ 집중할 수 있는 환경 만들기

어떤 일을 할 때 집중할 수 있는 환경을 만드는 것이 중요해요. 책상을 깔끔하게 정리하고, 스마트폰 알림을 끄고, 조용한 공간을 찾아보세요. 주변이 정리되어 있으면 마음도 차분해지고 집중력이 높아져요. 방해받지 않는 환경에서 1가지 일에 집중해 보세요.

함께 해 보는 활동 시간

배운 내용을 돌아보는 OX 퀴즈

- 실패는 더 나은 방법을 찾는 소중한 과정이다. (　　)
- 큰 목표를 세우는 것이 더 좋은 시도라고 말할 수 있다. (　　)

빈칸에 알맞은 단어를 넣어 볼까요?

- 어려움이 있어도 (　　　)하지 않고 계속 시도하는 마음을 끈기라고 해요.
- 포기하고 싶을 때 "(　　　)만 더"라고 자신을 격려해 보세요.

나의 시도 경험 돌아보기

내가 용기를 내어 시도한 경험과 그때의 생각을 적어 봅시다.

시도했던 일	
어려웠던 점	
극복 방법	
배웠던 점	

멋진 시도 경험을 가진 사람 찾기

다시 해 보는 마음과 끈기로 목표를 이룬 사람을 찾아 기록해 보세요.

(유명한 사람이나 내 주변 사람 누구든 좋아요!)

누구인가요?	
어떤 시도를 했나요?	
어떤 어려움이 있었나요?	
어떻게 극복했나요?	
배우고 싶은 점이 있나요?	

나만의 '한 발자국 더' 챌린지

이번 주에 도전해 볼 일을 정하고 실천 계획을 세워 보세요.

① 이번 주 목표: ______________________

(예) 친구들과 사이좋게 지내기

② 매일 할 작은 실천: ______________________

(예) 친구를 만나면 먼저 인사하기

③ 포기하고 싶을 때 나에게 하고 싶은 말: ______________________

(예) 먼저 인사하면 나도 기분이 좋아질 거야.

생각해 볼까요?

- 올해 새로운 일을 시도해 본 적이 있나요? 무엇이 나의 시도를 방해했었나요?
- 실패를 이겨내려면 어떤 마음가짐이 필요할까요?
- 쉽게 포기하지 않는 사람들의 공통점은 무엇일까요?

핵심 정리

- 시도: 시도해 보는 것은 결과보다 과정이 더 소중해요, 시도 자체가 나를 성장시켜요.
- 끈기: 포기하고 싶을 때 끈기를 가지고 딱 한 걸음만 더 나아가 봐요.
- 성장: 작은 목표부터 차근차근 시작하면 큰 성장을 이룰 수 있어요.

Day 9

친구들에게 믿음을 주는 사람이 되는 방법

먼저 고민해 볼까요?

"친구들에게 믿음을 주는 사람은 어떤 특징을 가지고 있을까요?"

"정직하게 행동하기 어려웠던 순간이 있었나요?"

✦ 나라면 어떻게 할까요? ✦

상황 1: 숙제를 깜빡했을 때

내일까지 제출해야 하는 수학 숙제를 깜빡했어요. 그런데 인터넷에 검색하니 수학 숙제에 대한 정답이 나오네요. 어떻게 할까요? 그리고 그렇게 선택하는 이유는 무엇인가요?

A) 인터넷에서 검색한 정답지를 베껴서 숙제를 제출한다.

B) 조금 늦더라도 내 힘으로 한다.

상황 2: 실수로 물건을 깨뜨렸을 때

도서관에서 실수로 화분을 건드려 깨뜨렸어요. 주변에 아무도 없습니다. 어떻게 할까요? 그리고 그렇게 선택하는 이유는 무엇인가요?

A) 아무도 모르니까 그냥 지나간다.

B) 사서 선생님께 가서 솔직히 말씀드린다.

믿을 수 있는 사람이 되는 방법

어떤 친구는 '저 친구는 정말 믿을 만해'라는 말을 듣고, 어떤 친구는 '저 친구 말은 믿기 어려워'라는 말을 듣기도 해요. 이 차이는 어디서 올까요? 바로 '책임감'과 '정직함'에서 나와요.

자신이 해야 할 일을 끝까지 해내고, 진실만을 말하는 사람은 주변 사람들로부터 신뢰를 받아요. 우리 사회는 서로를 믿고 의지하며 살아가는 공동체예요. 소방관은 화재 현장에서 생명을 구해요. 또, 선생님은 학생들을 가르칠 책임을 지고, 경찰관은 우리의 안전을 지킬 책임을 져요. 학생인 여러분도 공부하고 친구들과 좋은 관계를 유지할 책임이 있어요.

❶ 내가 해야 하는 일 떠올려 보기

내가 어떤 역할을 맡고 있는지 생각해 보세요. 학생으로서, 가족의 한 사람으로서, 친구로서 내가 맡은 일이 있다면 책임감 있게 마무리 지으려 노력해 봐요.

❷ 작은 약속부터 꼭 지키기

책임감은 하루아침에 생기는 것이 아니라 작은 약속들을 지켜 나갈 때 만들어져요. "숙제를 꼭 해 올게", "쓰레기 버리는 걸 잊지 않을게", "시간에 늦지 않을게" 같은 작은 약속부터 지켜 보세요.

❸ 실수했을 때 솔직하게 인정하기

누구나 실수를 해요. 중요한 것은 실수를 숨기거나 다른 사람 탓으로 돌리지 않고 솔직하게 인정하는 거예요. "제가 실수했어요", "내가 잘못했어"라고 용기 있게 말해 보세요. 실수를 인정하는 것은 부끄러운 일이 아니라 성장하는 과정이에요.

❹ 거짓말 대신 진실 말하기

거짓말을 하면 그 순간은 쉽게 넘어갈 수 있지만, 나중에 더 큰 문제가 생길 수 있어요. "사실을 말하면 혼날 것 같아서 무서워"할 때도 있겠지만, 정직한 사람은 결국 더 많은 존중과 신뢰를 받게 된답니다.

함께 해 보는 활동 시간

배운 내용을 돌아보는 OX 퀴즈

- 정직하게 행동하는 것이 때로는 어렵게 느껴질 수 있다. (　　)
- 실수했을 때는 솔직하게 인정하는 것이 좋다. (　　)

빈칸에 알맞은 단어를 넣어 볼까요?

- 작은 (　　　)부터 꼭 지키는 습관을 기르는 것이 중요해요.
- 실수했을 때는 숨기지 말고 솔직하게 (　　　)하는 용기를 가져요.

책임감 있는 행동 vs 책임감 없는 행동

각 상황마다 책임감 있는 행동과 없는 행동을 비교해서 써 보세요.

상황	책임감 있는 행동	책임감 없는 행동
친구와의 약속 시간에 늦었다.	(예) 친구에게 미리 전화해서 늦는다고 알리고, 만나자마자 진심으로 사과한다. 다음부터는 시간을 잘 지키겠다고 약속한다.	(예) 아무 연락 없이 늦게 도착해서 "차가 막혔어", "엄마가 늦게 깨워줘서" 등 변명만 한다.

실수로 친구의 물건을 잃어버렸다.		
내가 한 말 때문에 친구가 오해를 받았다.		

나의 역할 떠올려 보기

내가 맡고 있는 역할을 찾아 적어 보세요.

장소	나의 역할
가족	
우리 반	
우리 학교	

나의 정직함 경험담

정직하게 행동했던 경험을 돌아보며 적어 보세요.

어떤 상황에서 정직하게 행동했나요?	
그때 어떤 기분이 들었나요?	
이 경험을 통해 무엇을 배웠나요?	

생각해 볼까요?

- 주변에서 책임감 있는 친구를 본 적이 있나요? 그 친구를 보면 어떤 생각이 드나요?
- 거짓말을 한 적이 있나요? 그때 어떤 마음이었나요?
- 나에게 주어진 일을 대충 한다면 누가 피해를 입게 될까요?

핵심 정리

- 책임: 작은 약속부터 꼭 지키는 습관이 책임감을 만들어요.
- 정직: 실수했을 때 인정하는 용기가 정직함이에요.
- 신뢰: 책임감과 정직함이 있는 사람은 신뢰를 받아요.

Day 10 상대를 배려하는 따뜻한 마음은 이렇게 키울 수 있어요

먼저 고민해 볼까요?

"친구의 도움에 고마움을 느꼈던 경험이 있나요?"
"다른 사람을 '배려'한다는 것은 무슨 뜻인가요?"

✦ 마더 테레사가 남긴 특별한 메시지 ✦

"친절한 말은 간단하고 짧지만, 그 메아리는 끝이 없다."

이 말은 평생 가난한 사람들을 돌보며 살았던 마더 테레사가 한 말이에요. 마더 테레사는 인도의 거리에서 아픈 사람들을 치료하고, 버려진 아이들을 돌보았어요. 사람들이 "어떻게 그렇게 힘든 일을 계속할 수 있어요?"라고 물었을 때, 마더 테레사는 이렇게 답했어요.

"작은 친절도 사랑으로 하면 큰 일이 됩니다. 중요한 것은 얼마나 많이 주느냐가 아니라 얼마나 많은 사랑을 담아 주느냐입니다."

마더 테레사는 거창한 일을 한 것이 아니에요. 그저 아픈 사람의 손을 잡아주고, 배고픈 사람에게 음식을 나눠주고, 외로운 사람에게 따뜻한 말을 건넸을 뿐이에요. 하지만 그 작은 친절들이 모여서 수많은 사람들의 마음을 치유했답니다. 여러분도 작은 친절로 누군가의 하루를 바꿀 수 있어요.

배려하는 마음을 기르는 방법

어색한 곳에서 누군가 나에게 먼저 인사해 준다면 어떤 기분일까요? 준비물을 놓고 와서 당황하고 있는데 친구가 "같이 쓰자"라고 말해 준다면 어떤 기분일까요? 이렇게 작은 말 한마디, 작은 행동 하나가 누군가의 하루를 완전히 바꿔놓을 수 있어요. 마더 테레사가 말했듯이 "작은 친절도 사랑으로 하면 큰 일"이 되는 거죠.

교실을 둘러봐요. 친구가 힘들어 보이거나 혼자 있다면 먼저 다가가, "괜찮아?", "도와줄까?", "함께 가자"라고 말해 주세요. 작은 말 한마디가 큰 힘이 된답니다.

❶ 다른 사람의 입장에서 생각해 보기

친구가 어려운 상황에 놓여 있을 때, "내가 저 친구라면 어떤 기분일까?"를 생각해 보세요. 친구가 넘어져서 아파할 때, 준비물을 빼먹어서 당황할 때, 혼자 있어서 외로울 때 그 마음을 상상해 보는 거예요. 이런 생각에 익숙해지면 친구의 마음을 더 잘 이해할 수 있답니다.

❷ 주변을 살펴보고 따뜻한 말 건네기

배려는 다른 누군가 도움이 필요한지 알아차리는 것부터 시작해요. 무거운 물건을 들고 있는 친구, 아픈 친구, 새로 전학 온 친구가 있다면 바로 배려를 실천할 기회예요. "괜찮아?", "도와줄까?", "함께 할래?"와 같은 말을 해 봐요. "오늘 옷이 예뻐", "발표 정말 잘했어"와 같은 칭찬 한마디가 그 친구의 하루를 즐겁게 해줄 거예요.

❸ 함께 나누는 마음 갖기

내가 가진 것을 친구와 나누는 마음을 가져 보세요. 간식, 학용품, 재미있는 책이나 게임 등을 함께 나누면 우정이 더욱 깊어져요. 나누는 것은 물건만이 아니에요. 재미있었던 경험이나 알게 된 지식, 좋아하는 것들을 친구와 이야기로 나누는 것도 멋진 배려랍니다.

❹ 친구의 어려움에 공감해 주기

친구의 어려움에는 도움을 주는 것도 좋지만, 때로는 그냥 들어주는 것만으로도 큰 도움이 될 수 있어요. "네 마음을 이해해", "정말 속상했겠다"라는 공감의 말이 친구를 위로해 줄 거예요.

함께 해 보는 활동 시간

배운 내용을 돌아보는 OX 퀴즈

- 배려는 도움이 필요한 사람을 찾는 것에서 시작한다. (   )
- 작은 친절은 다른 사람에게 큰 도움이 되지 않는다. (   )

빈칸에 알맞은 단어를 넣어 볼까요?

- 때로는 친구의 어려움을 그냥 (   )만으로도 큰 위로가 돼요.
- 친구가 어려울 때는 "네 마음을 이해해"와 같은 (   )의 말을 나눠요.

나의 공감 능력 점검하기

질문	항상	가끔	별로
친구의 이야기를 들을 때 눈을 마주치며 듣는 편인가요?			
다른 사람의 입장을 이해하려고 노력하나요?			
어려움에 처한 친구를 도와주려고 애쓰는 편인가요?			

- '항상'이 많나요? 그렇다면 이미 공감을 잘하고 있어요!
- '가끔'이나 '별로'가 많다면, 오늘부터 한 가지씩 실천해 봐요.

따뜻한 말 연습하기

다음 상황에서 친구에게 어떤 말을 해 줄 수 있을지 적어 보세요.

친구가 시험을 못 봐서 속상해할 때	
친구가 새 옷을 입고 왔을 때	
친구가 발표를 잘했을 때	
친구가 준비물을 빼먹었을 때	

훈훈한 배려 이야기 찾기

신문이나 인터넷에서 다른 사람을 배려하는 사례를 찾아 정리해 봐요. 내가 직접 봤던 사례를 적어도 좋아요.

누구의 배려인가요?	
언제 있었던 일인가요?	
어떤 배려를 했나요?	
이 이야기에서 무엇을 배울 수 있나요?	

생각해 볼까요?

- 친구에게 들었던 가장 따뜻한 말은 무엇이었나요?
- 친한 친구가 어려울 때, 어떤 도움을 줄 수 있을까요?
- 나의 행동에 상대방이 고맙다고 말해 준 경험이 있나요?

핵심 정리

- 공감: "내가 저 친구라면 어떨까?" 하고 생각해 보는 것이 공감의 시작입니다.
- 배려: 작은 친절부터 시작해요. "괜찮아?" 한마디도 훌륭한 배려예요.
- 나눔: 내가 가진 것을 친구와 나누면 우정이 깊어져요. 물건뿐 아니라 이야기와 경험도 나눌 수 있어요.

쉬는 시간

몸과 마음을
채우는 이야기

왜 운동을 해야 할까요?

신나게 뛰어논 쥐들의 놀라운 변화

어느 연구소에서 재미있는 실험을 했어요. 똑같은 쥐들을 두 그룹으로 나누었어요.

- 첫 번째 그룹: 좁은 우리에 머문 쥐들
- 두 번째 그룹: 30분 동안 넓은 공간에서 마음껏 뛰어논 쥐들

두 번째 그룹 쥐들에게 어떤 일이 일어났을까요? 뇌가 더 활발하게 움직이기 시작했어요. 컴퓨터가 새로운 버전으로 업그레이드된 것처럼 말이죠. 더 놀라운 건 이런 일이 우리에게도 일어난다는 것이죠.

운동을 할 때 우리에게 일어나는 변화

1. 머리가 맑아져요

운동을 하면 뇌에 산소가 더 많이 공급돼요. 그래서 운동 후에는 머리가 맑아지고 집중도 잘 돼요.

2. 기분이 좋아져요

운동을 하면 우리 몸에서 '행복 호르몬'이 나와요. 화가 났을 때나 스트레스를

받을 때 운동하면 기분이 한결 나아져요.

3. 밤에 푹 잘 수 있어요

하루 종일 몸을 움직인 날에는 밤에 푹 잘 수 있어요. 깊은 잠을 잤으니 다음 날 더욱 활기차게 생활할 수 있겠죠?

4. 몸이 튼튼해져요

꾸준히 운동하면 근육이 강해지고 체력이 좋아져요. 계단을 올라도 힘들지 않고, 무거운 가방을 들어도 괜찮아요.

5. 친구들과 더 잘 지낼 수 있어요

친구들과 함께 운동하면서 자연스럽게 협력하는 방법을 배워요.

◎ 핵심 정리

- **뚝뚝함:** 운동은 우리 뇌를 더 똑똑하게 만들어줘요.
- **집중력:** 운동 후에는 머리가 맑아지고 집중력이 높아져요.
- **행복:** 운동을 하면 스트레스가 날아가고 행복해지는 느낌이 들어요.

◎ 시도해 보기

- ☐ 잠들기 전 스트레칭 해 보기
- ☐ 엘리베이터 대신 계단 이용해 보기
- ☐ 가족과 함께 산책하기
- ☐ 친구와 함께 운동하기(줄넘기처럼 쉬운 운동, 축구나 농구처럼 어려운 운동 모두 괜찮아요)
- ☐ 새로운 운동 도전하기

미술과 음악 시간에는 무엇을 배울까요?

행복한 사람들의 비밀

노르웨이 과학자들이 흥미로운 연구를 했어요. 그림 그리기, 음악 듣기, 공연 보기 같은 활동을 즐기는 사람들과 그렇지 않은 사람들을 비교해 본 거예요. 결과를 살펴보니 이런 활동을 즐기는 사람들이 훨씬 더 건강하고 행복했거든요. 게다가 일이나 공부도 더 잘한다는 것도 밝혀졌어요.

정리하자면 미술과 음악 시간이 단순히 '쉬는 시간'이 아니에요. 여러분을 더 건강하고 행복하게 만들어 주는 소중한 시간이랍니다.

미술과 음악이 우리에게 주는 변화

1. 마음을 표현할 수 있어요

말로는 설명하기 어려운 감정을 그림이나 노래로 표현할 수 있어요. 화가 날 때 색깔로, 기쁠 때 멜로디로 마음을 나타내보세요.

2. 상상력이 쑥쑥 자라요

"하늘을 왜 꼭 파랗게만 그려야 해? 분홍색도 예쁘잖아!" 미술과 음악에는 정답이 없어요. 자유롭게 상상하는 과정에서 상상력과 창의력이 높아져요.

3. 집중력이 좋아져요

그림을 그리거나 악기를 연주할 때는 다른 생각이 들어올 틈이 없어요. 이런 집중 연습이 공부할 때도 도움이 돼요.

4. 친구들과 더 가까워져요

함께 그림을 그리거나 노래를 부르면 말로는 나눌 수 없는 특별한 감정을 공유하게 돼요.

5. 평생 함께 할 취미를 가져요

어른이 되어서도 스트레스 받을 때 그림을 그리거나 음악을 들으면 돼요. 그때마다 마음에 힘을 얻을 수 있을 거예요.

◎ 핵심 정리

- **감정:** 말로 표현하기 어려운 감정을 그림과 노래로 나타낼 수 있어요.
- **상상:** 자유롭게 생각하고 상상의 결과를 표현할 수 있어요.
- **집중:** 그림을 그리고, 음악을 들으며 집중하는 연습을 할 수 있어요.

◎ 시도해 보기

- ☐ 오늘 하루 기분을 색깔로 표현해 보기
- ☐ 좋아하는 노래를 친구나 가족에게 추천해 보기
- ☐ 악기를 배워서 좋아하는 곡 연주해 보기
- ☐ 창문 밖 풍경을 그림으로 그려보기
- ☐ 가족과 함께 좋아하는 음악 들으며 대화하기

잘 놀아야
공부도 잘할 수 있어요

호모 루덴스라는 말을 알고 있나요

옛날 어느 똑똑한 학자가 '호모 루덴스'라는 특별한 말을 만들었어요. 이 말은 '놀이하는 인간'이라는 뜻이에요. 그 학자는 이렇게 말했어요. "사람은 놀이를 통해 가장 창의적이 되고, 가장 많이 배운다!"
실제로 미국의 한 연구팀이 조사해 보니 정말 그랬어요. 놀이를 많이 하는 아이들은요,

- 문제 상황을 더 창의적으로 해결했어요.
- 새로운 것을 배울 때 더 잘 이해했어요.
- 어려운 상황에서도 포기하지 않고 계속 시도했어요.

놀이가 단순히 '노는 시간'이 아니라 뇌를 발달시키는 중요한 활동이었던 거예요!

놀이가 우리에게 주는 선물

1. 상상력이 쑥쑥 자라요

역할놀이를 하면서 "나는 우주비행사!", "나는 요리사!" 하며 다양한 세계를 경험해요. 이런 상상하는 연습이 창의적으로 생각하는 힘을 길러 줘요.

2. 친구들과 협력하는 방법을 배워요

놀이에는 규칙이 있어요. 차례를 지키고, 양보하고, 때로는 지는 것도 받아들여야 하죠. 이런 경험으로 함께 사는 방법을 자연스럽게 배워요.

3. 마음이 편안해져요

신나게 놀고 나면 마음속 걱정이나 답답함이 사라져요. 놀이는 마음을 가볍게 만들어주는 마법 같은 시간이에요.

4. 순간순간 판단하는 능력이 생겨요

"공이 나무에 걸렸어!", "블록이 자꾸 무너져!" 이런 상황에서 빠르게 새로운 방법을 찾아야 해요. 이 과정에서 판단력이 길러져요.

5. 도전하는 용기가 생겨요

놀이에서는 "한 번 더 해 볼래!", "이번엔 더 높이!" 하며 자연스럽게 도전하게 돼요. 이런 경험이 새로운 일에 도전하는 용기를 만들어줘요.

◎ 핵심 정리

- 상상: 놀이를 통해 상상력과 창의적으로 생각하는 힘이 자라요.
- 협력: 친구들과 함께 놀면서 규칙을 지키고 협력하는 방법을 배워요.
- 시도: 놀이는 새로운 것을 시도하도록 용기를 주는 특별한 방법이에요.

◎ 시도해 보기

- ☐ 친구들과 즐겁게 노는 시간 갖기
- ☐ 스마트폰 없이 집에 있는 물건으로 새로운 놀이 만들어 보기
- ☐ 가족과 함께 보드게임이나 카드놀이 해 보기
- ☐ 밖에 나가서 자연 속에서 시간 보내기
- ☐ 옛날 사람들이 즐겼던 전통 놀이 체험해 보기

잘 쉴 수 있는 방법을 알려 줄게요

세계적인 기업들도 실천하는 휴식의 힘

구글, 나이키 같은 세계적인 회사들에는 신기한 공간이 있어요. 바로 '휴식 공간'이에요! 구글은 근무시간 중에 직원들이 편안하게 쉴 수 있는 공간을 만들었어요. 나이키는 조용한 휴식실을 만들어서 직원들이 언제든지 쉴 수 있게 했고요.

처음에는 "일하는 시긴에 쉬다니!"라고 생각하는 사림들이 많았어요. 하지만 실험해 보니 놀라운 결과가 나왔어요. 짧은 휴식을 취한 직원들이 오후에 훨씬 더 좋은 아이디어를 냈고, 실수도 적게 했으며, 더 행복해했다는 거예요. 제대로 쉬는 것이 더 잘 일하고 공부할 수 있는 비결이었던 거죠!

쉼이 우리에게 주는 변화

1. 머릿속이 정리돼요

잠을 자거나 푹 쉴 때 우리 뇌는 하루 동안 배운 것들을 정리해요. 책상 위 물건들을 제자리에 정리하는 것처럼요. 그래서 충분히 쉬고 나면 고민하던 문제가 별일이 아닌 것처럼 느껴지기도 한답니다.

2. 마음이 편안해져요

계속 긴장하고 있으면 우리 몸과 마음이 지쳐요. 하지만 제대로 휴식을 취하면 마음이 편안해지고 걱정이 사라져요.

3. 새로운 아이디어가 떠올라요

샤워를 하거나 산책을 할 때 갑자기 좋은 생각이 떠오른 경험이 있나요? 이것은 뇌가 편안한 상태일 때 평소에 연결되지 않았던 생각들이 새롭게 연결되기 때문이에요.

4. 화내지 않게 돼요

피곤할 때는 작은 일에도 쉽게 짜증이 나요. 반대로 충분히 쉬고 나면 마음이 평온해져서 친구들과도 더 잘 지낼 수 있어요.

5. 힘이 생겨요

핸드폰 배터리가 떨어지면 충전을 해야 하듯이, 우리 몸도 휴식을 통해 에너지를 충전해야 해요. 푹 쉰 다음 날에는 몸이 가볍고 활기차게 하루를 보낼 수 있어요.

◎ 핵심 정리

- 정리: 휴식할 때 뇌가 배운 것들을 정리해서 기억력이 좋아져요.
- 충전: 휴식은 우리 몸과 마음에 에너지를 충전해 주는 시간이에요.
- 편안함: 푹 쉬고 나면, 우리는 편안함을 느끼고 화도 내지 않게 돼요.

◎ 시도해 보기

- ☐ 잠들기 2시간 전부터 스마트폰 보지 않기
- ☐ 하루 10분 정도 아무것도 하지 않고 가만히 있어 보기
- ☐ 자연 속에서 15분 이상 휴식 취해 보기
- ☐ 좋아하는 음악 들으며 몸과 마음 편안하게 하기
- ☐ 가족과 함께 편안한 시간 갖기

음식을 골고루, 규칙적으로 먹으면 좋아요

우리나라 학생들의 식습관

질병관리청에서 전국 학생들을 조사해 보니 놀라운 사실이 밝혀졌어요. 학생 10명 중 4명 이상이 아침을 거르고 있다는 거예요!

아침을 거르는 학생들은 집중력이 떨어지고, 오전 수업 시간에 졸리거나 기운이 없는 경우가 많아요. 반대로 규칙적으로 아침을 먹고 과일, 채소를 골고루 먹는 학생들은 집중도가 높고, 체력도 좋으며, 스트레스 관리도 더 잘해요. 지금까지 아침 식사를 하지 않았더라도 너무 걱정하지 말아요. 지금부터라도 건강한 식습관을 실천해도 되니까요.

건강한 식습관이 우리에게 주는 변화

1. 기분이 좋아져요

음식은 우리 기분과도 관련이 있어요. 좋은 음식을 먹으면 기분이 좋아지고, 가족과 함께 즐겁게 식사하는 시간은 마음의 안정감도 가져다줘요.

2. 하루 종일 힘이 나요

아침을 제대로 먹으면 오전 내내 집중력이 좋아져요. 반대로 과자나 탄산음료만 먹으면 처음엔 기운이 나는 것 같지만 금세 피곤해져요.

3. 몸이 튼튼해지고 건강하게 자랄 수 있어요

우리가 먹는 음식이 바로 우리 몸을 만드는 재료가 돼요. 단백질은 근육을 만들고, 칼슘은 뼈를 튼튼하게 해요. 골고루 잘 먹는 아이들이 더 건강하게 자라는 이유예요.

4. 집중이 더 잘돼요

우리 뇌는 우리가 먹는 에너지의 20%를 사용해요. 그래서 좋은 음식을 먹으면 뇌가 더 잘 일해요. 그래서 생선, 견과류, 블루베리 같은 음식들은 '똑똑하게 만들어 주는 음식'이라는 별명을 가지고 있답니다.

5. 좋은 습관이 생겨요

규칙적인 식사 시간을 잘 지키면 공부할 시간, 운동하는 시간, 잠드는 시간도 일정하게 유지할 수 있어서 하루를 더 계획적으로 보낼 수 있어요.

◎ 핵심 정리

- **힘:** 음식은 우리 몸과 뇌가 잘 일할 수 있게 해 주는 힘을 줘요.
- **성장:** 골고루 먹으면 몸이 튼튼해지고 건강하게 자라요.
- **생활 리듬:** 규칙적인 식사는 건강한 생활 리듬을 만들어 줘요.

◎ 시도해 보기

- ☐ 일주일에 3번 이상 가족과 함께 저녁 식사하기
- ☐ 하루에 3가지 이상의 채소나 과일 먹기
- ☐ 식사할 때 스마트폰 보지 않기
- ☐ 새로운 음식 용기 내어 먹어 보기
- ☐ 물을 하루에 6잔 이상 마시기

Part 2

똑똑한 공부 습관을 만드는 10일

3교시

공부 습관 다지기

Day 11 생각의 함정에서 벗어나는 방법

먼저 고민해 볼까요?

"분명 다 아는 것 같은데 문제를 풀 수 없었던 경험이 있나요?"
"공부한 내용을 정말 이해했는지 어떻게 확인할 수 있을까요?"

코끼리와 여섯 명의 장님

옛날 어느 마을에 코끼리를 한 번도 본 적이 없는 여섯 명의 장님이 살고 있었어요. 어느 날 마을에 코끼리가 왔다는 소식을 듣고, 여섯 명은 모두 코끼리가 어떻게 생겼는지 알고 싶어했어요.

첫 번째 장님은 코끼리의 다리를 만지며 말했어요.

"코끼리는 기둥 같아!"

두 번째 장님은 꼬리를 만지며 "아니야, 코끼리는 밧줄 같다고!"

세 번째 장님은 코를 만지며 "틀렸어, 뱀처럼 길쭉해!"

네 번째 장님은 귀를 만지며 "코끼리는 부채 같은 거야!"

다섯 번째 장님은 옆구리를 만지며 "벽처럼 평평하다니까!"

여섯 번째 장님은 엄니를 만지며 "코끼리는 창처럼 뾰족해!"

여섯 명 모두 자신이 만진 부분만 보고 “내가 맞다!”며 큰 소리로 다투었어요. 하지만 모두가 틀렸어요. 코끼리는 기둥도, 밧줄도, 뱀도 아니었거든요. 여섯 명의 장님은 자신이 만진 부분이 코끼리의 진짜 모습이라고 생각하는 함정에 빠진 것이죠.

생각 함정에서 벗어나는 방법

공부를 하다 보면 누구나 이런 경험을 할 수 있어요. 내용을 잘 이해했다고 생각했는데, 막상 문제를 만나면 어떻게 활용해야 할지 모르는 상황 말이에요. 이것이 바로 ‘생각의 함정’이에요. 여섯 명의 장님처럼, 우리도 잘 알지 못하면서 잘 알고 있다고 착각할 수 있답니다. 어떻게 해야 생각 함정에서 벗어날 수 있을까요?

❶ 소리 내어 읽기

배운 내용을 소리 내어 읽어 보세요. 정말 이해했다면 쉽게 읽을 수 있지만, 이해하지 못했다면 더듬거리며 읽게 됩니다.

❷ 문제 풀어 보기

배운 내용과 관련된 문제를 풀어 보세요. 문제가 어렵게 느껴진다면 아직 더 연습이 필요하다는 신호예요.

❸ 다른 사람과 대화하기

다른 사람과 대화하며 생각을 나눠 보세요. 평소 대화를 해 보지 않았던 친구와 대화하면 더 넓은 생각을 가질 수 있어요. 선생님이나 부모님께 잘 모르는 내용을 질문해 볼 수도 있어요.

❹ 설명해 보기

배운 내용을 다른 사람에게 설명해 보세요. 설명하는 과정에서 내가 잘 이해하지 못한 부분을 발견할 수 있어요.

❺ 자료 찾아보기

인터넷이나 책에서 다양한 정보를 찾아보세요. 하나의 정보만 믿지 말고, 여러 곳에서 확인하는 습관을 길러 보세요. 정보의 출처가 믿을 만한지도 꼭 확인해요.

함께 해 보는 활동 시간

배운 내용을 돌아보는 OX 퀴즈

- 배운 내용을 다른 사람에게 설명해 보는 것은 내가 정말 이해했는지 확인하는 좋은 방법이다. (　　)
- 착각에 빠지는 것은 누구나 경험하는 자연스러운 일이다. (　　)

빈칸에 알맞은 단어를 넣어 볼까요?

- 배운 내용을 (   ) 읽어 보면, 생각의 함정에서 벗어날 수 있어요.
- 인터넷에서 자료를 찾아볼 때는 정보의 (   )가 분명한지 꼭 확인해 봐요.

나의 공부 방식 점검하기

질문에 솔직하게 답해(✔표시) 보세요.

질문	항상	가끔	별로
공부할 때 내용을 소리 내어 읽어 보나요?			
배운 내용을 다른 사람에게 설명해 본 적이 있나요?			
내용을 이해했는지 확인하기 위해 문제를 풀어 보나요?			
궁금한 것이 있을 때 적극적으로 찾아보거나 다른 사람에게 물어 보나요?			

- '항상'이 많을수록 좋은 공부 습관을 가지고 있는 것이랍니다.

우리가 갖는 흔한 착각

대부분의 사람은 착각하면서 살아요. 대표적인 착각을 소개해 볼 테니까 여러분들도 비슷한 경험이 있는지 생각해 봅시다.

□ 확신의 함정: "이 문제 답은 5야!"라고 확신하면서 계속 잘못된 풀이를 하는 경우

→ 한 번 믿으면 다른 가능성을 생각하지 못하게 돼요.

□ 친밀함의 함정: 가장 친한 친구의 말만 믿고, 다른 친구들의 말은 듣지 않는 경우

→ 친한 사람의 말이 항상 옳은 것은 아니에요.

□ 익숙함의 함정: 익숙한 것을 잘 알고 있다고 착각하는 경우

→ 자주 본다고 해서 잘 아는 것은 아니에요.

익숙함의 함정에 빠졌던 경험

내가 익숙하다고 생각했지만 실제로는 잘 몰랐던 경험을 적어 보세요.

언제 있었던 일인가요?	
나는 어떤 착각을 했었나요?	
그 경험에서 무엇을 배웠나요?	

생각해 볼까요?

- 왜 사람들은 착각에 빠지는 걸까요?
- 내가 "다 안다"고 생각했던 것 중에 실제로는 잘 몰랐던 경험이 있나요?
- 생각 함정에 빠진 친구가 있다면 어떻게 도와줄 수 있을까요?

핵심 정리

- 함정: 익숙한 것과 잘 알고 있는 것은 달라요. 생각의 함정을 조심해요.
- 확인: 다양한 방법을 활용해서 내가 잘 알고 있는지 확인해 봐요.
- 점검: 배운 내용을 소리 내어 읽고 문제를 풀며 스스로 점검해요.

Day 12

효율적으로 공부하는 방법을 알아볼까요?

먼저 고민해 볼까요?

"동시에 여러 가지 일을 하려고 했던 경험이 있나요? 그 결과는 어땠나요?"

"나는 수업 중 집중 태도가 좋은 편인가요?"

✦ 23분 15초의 비밀 ✦

미국 캘리포니아 대학교에서 흥미로운 실험을 했어요. 사람들이 집중해서 일을 하다가 방해를 받으면 다시 원래 일에 집중하는 데 얼마나 걸리는지 측정한 거예요. 이렇게 실험했어요.

(1) 참가자들에게 복잡한 문제를 풀게 했어요.

(2) 중간에 간단한 다른 일(메시지 확인, 전화 받기 등)로 방해했어요.

(3) 그리고 다시 원래 문제로 돌아가게 했어요.

결과는 놀라웠어요. 다시 원래 문제 풀이에 집중하는 데 평균 23분 15초가 걸렸거든요!

그러니까 여러분들이 수학 문제를 풀다가 스마트폰 알람을 확인한다면?

수학 문제 풀기 → 스마트폰 알림 확인 (2분) → 다시 수학 문제 풀이 시작 (23분 15초 동안 집중력 회복 중) 이런 과정을 겪는 것이죠.

결국 제대로 집중해서 일한 시간은 얼마 안 되는 거예요. 그래서 과학자들은 이렇게 말해요. “우리는 한 번에 1가지의 일만 할 수 있어요.”

우리가 가진 한계

영화나 게임 속에서는 주인공이 여러 가지 일을 동시에 완벽하게 해내고, 체력이 부족해도 금방 회복하는 모습을 봐요. 하지만 현실에서는 그렇지 않아요.

충분한 휴식 시간을 가져야 회복할 수 있고, 한번에 많은 일을 하려고 하면 어느 것도 제대로 하기 어려워요. 우리는 영화나 게임 속 주인공이 아니기 때문이죠.

이렇게 우리 몸과 마음이 할 수 있는 일의 크기가 정해져 있어요. 이것을 ‘한계’라고 해요. 그러면 우리에게는 어떤 한계가 있는지 살펴볼까요?

❶ 마음의 한계

세웠던 계획을 3일도 지나지 않아 지키지 못한 적이 있나요? 우리의 의지력은 한정되어 있어서 1가지 목표에 집중해도 유지하기 어려워요. 매일 잠들기 전 내일 할 일을 적고, 중요한 일부터 차례대로 시작해 보세요.

❷ 기억의 한계

심리학자들의 연구에 따르면, 우리가 새로 배운 정보는 20분 만에 절반이 사라지고, 하루가 지나면 70%가 잊힌대요. 배운 내용을 오래 기억하려면, 다른 사람에게 설명하거나 관련된 문제를 풀어 봐요.

❸ 체력의 한계

사람의 체력은 무한하지 않아요. 특히 여러 일을 동시에 할 때, 우리 뇌가 더 많은 에너지를 소모해요. 한번 집중한 뒤에는 5분 정도 짧은 휴식을 취해요.

❹ 집중력의 한계

초등학생의 집중력은 보통 20~30분 정도가 한계예요. 그런데 집중력을 방해하는 것들이 주변에 있다면 더 짧아질 수밖에 없어요.

함께 해 보는 활동 시간

배운 내용을 돌아보는 OX 퀴즈

- 우리의 뇌는 동시에 여러 가지 일을 효과적으로 처리할 수 있다. (　　)
- 새롭게 배운 내용은 하루가 지나면 약 70%가 잊힌다. (　　)

빈칸에 알맞은 단어를 넣어 볼까요?

- 우리 몸과 마음이 할 수 있는 일의 정도를 (　　　)라고 합니다.
- 초등학생의 집중력은 보통 (　　　)분 정도가 한계입니다.

나의 한계 찾아보기

1. 나는 새로 계획한 목표를 보통 며칠 정도 지킬 수 있나요?

   (1-2일 / 3-7일 / 1주일 이상)

2. 나는 하루 중 언제 가장 피곤함을 느끼나요?

   (오전 / 오후 / 저녁)

3. 1가지 일에 완전히 집중할 수 있는 시간은 얼마나 되나요?

   (15분 이하 / 15-30분 / 30분 이상)

4. 어떤 일이 계획대로 되지 않을 때 어떤 감정을 느끼나요?

   (예) 짜증 / 좌절감 /화남

나의 집중력 점검하기

다음 질문에 솔직하게 답해(✔표시) 보세요. '항상'이 많을수록 집중력 관리를 잘하고 있는 거예요.

질문	항상	가끔	별로
공부할 때는 스마트폰을 눈에 보이지 않는 곳에 두나요?			
1가지 일을 마무리한 후 다른 일을 시작하나요?			
피곤함을 느낄 때 휴식을 취하나요?			
내일 할 일을 미리 계획하나요?			

집중력 높이기 실험

다음 2가지 방법으로 공부해 보고 언제 더 집중이 잘 되었는지 비교해 봅시다.

1번 실험) 음악을 들으면서 15분 동안 수학 문제 풀기

2번 실험) 조용한 환경에서 15분 동안 수학 문제 풀기

언제 집중이 더 잘됐나요? ______________________

이유는 무엇일까요? ______________________

생각해 볼까요?

- 자신의 한계를 제대로 알지 못하면 어떤 일이 생길 수 있을까요?
- 한번에 여러 가지 일을 하면 왜 집중이 안 될까요?
- 너무 피곤해서 아무 일도 하고 싶지 않았던 적이 있나요? 그럴 땐 어떻게 해야 할까요?

핵심 정리

- 한계: 모든 사람은 저마다 한계가 있어요, 그것을 인정하는 것은 약점이 아니라 현명한 선택이에요.
- 집중: 우리 뇌는 한번에 1가지 일에만 제대로 집중할 수 있어요.
- 계획: 계획을 세워 중요한 일부터 하나씩 처리하는 것이 가장 효율적인 방법이에요.

Day 13

내 집중을 막는 가장 큰 방해꾼은 무엇인가요?

먼저 고민해 볼까요?

"내 공부 환경은 어떤가요? 지금 주변을 둘러보세요."

"공부하다가 다른 것에 주의를 빼앗긴 적이 있나요?"

◆ 스티브 잡스의 텅 빈 방 ◆

iPhone과 iPad를 만든 애플의 창립자 스티브 잡스. 그의 집을 구경하러 간 사람들은 모두 깜짝 놀랐어요.

"어? 이 넓은 집에 가구가 거의 없네?"

정말 그랬어요. 거실에는 소파 하나, 식탁에는 의자 몇 개만 있었죠. 벽은 하얗고, 물건들은 거의 보이지 않았어요. 마치 아무도 살지 않는 집 같았죠.

사람들이 물었어요. "돈이 많은데 왜 이렇게 단순하게 사세요?"

스티브 잡스는 이렇게 답했어요.

"나는 정말 중요한 것에만 집중하고 싶어요. 그래서 꼭 필요한 것만 남기고 다 없앴어요."

그의 사무실도 마찬가지였어요. 책상 위에는 컴퓨터와 필요한 서류만, 벽에는 아무것도 걸려 있지 않았어요. 결과는? iPhone, iPad, MacBook 같은 혁신적인 제품들이 태어났죠. 전 세계 사람들이 사용하는 제품들을 만들어 낸 거예요. 스티브 잡스는 항상 이렇게 말했다고 합니다.

"단순함이 최고의 결과를 만들어 냅니다."

집중이 잘되는 환경을 만드는 방법

스티브 잡스처럼 단순하고 깔끔한 환경을 만들면 놀라운 집중력을 얻을 수 있어요. 하지만 어디서부터 시작해야 할지 막막하죠? 우리 주변에는 정말 많은 방해꾼들이 있어요. 스마트폰에서 울리는 알림, 책상 위의 만화책, 옆에서 들리는 TV 소리…. 이런 것들 때문에 "이것만 잠깐"이라고 생각하게 되죠.

❶ 방해꾼 찾아내고 멀리하기

내 주변을 둘러보며 집중을 방해하는 것들을 찾아보세요. 스마트폰, TV, 게임기, 만화책, 간식, 장난감 등이 대표적인 공부 방해꾼들이에요. 특히 가장 강력한 방해꾼인 스마트폰은 다른 방에 두는 것을 추천해요.

❷ 책상과 공간 깔끔하게 정리하기

책상 위에는 지금 공부할 과목의 교재와 필기구, 물컵만 남기고 나머지는 모두 치우세요. 스티브 잡스의 텅 빈 방처럼 말이에요.

❸ 내가 집중이 잘되는 시간 찾기

언제 가장 집중이 잘 되는지 찾아보세요. 아침에 집중이 잘 되는 사람이 있고, 저녁에 집중이 잘 되는 사람도 있어요.

❹ 몸과 마음 미리 준비하기

공부 시작 전에 화장실을 다녀오고, 물도 한 모금 마셔요. 심호흡을 3번 하거나 스트레칭으로 몸과 마음을 정리하는 것도 좋은 방법이에요. 준비된 상태에서 시작하면 더 오래 집중할 수 있어요.

함께 해 보는 활동 시간

배운 내용을 돌아보는 OX 퀴즈

- 집중을 잘하기 위해서는 책상 위부터 정리하는 것이 좋다. (　　)
- 사람마다 집중이 잘 되는 시간이 다를 수 있다. (　　)

빈칸에 알맞은 단어를 넣어 볼까요?

- 공부를 방해하는 가장 큰 방해꾼은 (　　　)인 경우가 많아요.
- 스티브 잡스는 (　　　)이 최고의 결과를 만든다고 말했어요.

나의 방해꾼 찾기

내 공부를 가장 많이 방해하는 2가지는 무엇인가요? (예) 스마트폰

1)

2)

나에게 맞는 환경 찾기

나는 어떤 환경에서 집중이 잘되나요?

- 공부가 잘 되는 장소: ____________ (예) 도서관, 카페, 내 방
- 공부가 잘 되는 시간: ____________ (예) 새벽, 아침, 오후, 저녁

방해꾼 제거 실험

다음 2가지 조건에서 같은 내용을 30분 동안 공부해 보고 비교해 보세요.

실험 1) 평소처럼 공부하기

- 어느 정도 공부했나요: ____________________
- 집중이 잘 된 정도 스스로 평가하기: ______점 (1-10점)

실험 2) 방해꾼을 완전히 제거하고 단순한 환경에서 공부하기

- 어느 정도 공부했나요: ____________________
- 집중이 잘 된 정도 스스로 평가하기: ______점 (1-10점)
- 어떤 차이가 있었나요?: ____

____

생각해 볼까요?

- 공부할 때는 스마트폰, 게임, 간식에 왜 자꾸 손이 갈까요?
- 우리는 어떤 환경에서 집중을 더 잘할 수 있을까요?
- 내가 가장 집중이 잘 되었던 때는 언제였나요? 그때 환경은 어떠했는지 생각해 보세요.

핵심 정리

- 방해꾼: 집중이 안 되는 것은 의지력 부족이 아니라 환경 때문인 경우가 많아요. 나를 탓하지 말고 방해꾼을 찾아보세요.
- 환경: 나에게 맞는 환경을 만들면 집중력이 저절로 높아져요.
- 나만의 방법: 나에게 맞는 공부 환경은 친구와 다를 수 있어요. 나만의 방법을 찾아보세요.

Day 14 꾸준한 시도 속에서 공부 실력이 성장해요

먼저 고민해 볼까요?

"어려운 문제를 고민하다 해결했을 때 어떤 기분이 들었나요?"
"나는 실수를 했을 때 주로 어떻게 행동하나요?"

✦ 발명가 에디슨은 실패 전문가 ✦

전구를 발명한 토마스 에디슨. 하지만 에디슨은 단 한 번 만에 완벽한 전구를 뚝딱 만들었을까요? 전혀 그렇지 않아요! 에디슨은 전구를 만들기 위해 1만 번이 넘게 실패했어요. 대나무, 종이, 실, 금속 등 온갖 재료를 시도해 봤지만 계속 실패만 반복됐죠.

에디슨의 실험실에는 늘 이런 소리가 들렸어요.

"어? 이것도 안 되네... 왜 그럴까?" (고민)

"다른 재료를 써보면 어떨까?" (질문)

"어라, 또 타버렸네!" (실수)

"하지만 이번엔 좀 더 오래 켜졌어. 조금 더 나아졌다!" (성장)

결국 에디슨은 대나무 필라멘트로 40시간 동안 켜지는 전구를 완성했어요.

사람들이 물었어요. "1만 번이나 실패했는데 포기하지 않을 수 있었던 비결이 무엇인가요?"

에디슨은 답했어요.

"저는 실패한 적이 없어요. 그냥 여러 가지를 시도해 봤을 뿐입니다."

진짜 실력을 쌓는 방법

여러분도 문제를 해결했을 때 뿌듯한 경험이 있죠? 반대로, 아직 정답을 찾지 못했을 때는 아쉬운 마음이 들어요.

하지만 실력이 쌓이는 진짜 순간은 정답을 맞힐 때가 아니랍니다. 고민하고 질문하고 실수하는 과정을 겪으며 우리는 조금씩 성장한답니다.

❶ 고민하는 시간 즐기기

문제를 마주했을 때 바로 답이 보이지 않더라도 충분히 고민해 보세요. "왜 그럴까?", "어떻게 하면 될까?" 하며 생각하는 시간 자체가 실력을 쌓는 과정이에요. 고민하는 시간을 아까워하지 말고 즐겨보세요.

❷ 스스로에게 질문하기

막막한 문제를 만났을 때 이렇게 질문해 보세요.

1) 문제 확인하기: "뭘 물어보는 거지?"

2) 방법 찾기: "어떻게 하면 풀 수 있을까?"

3) 이유 생각하기: "왜 이렇게 해야 할까?"

질문을 만들고, 그 답을 종이에 적어 보세요. 생각을 정리하다 보면 답을 찾을 수 있을 거예요.

❸ 실수를 환영하는 마음가짐 기르기

실수했을 때 "대체 왜 안 되는 거지. 짜증나!"가 아니라 "이건 안 되나 보다. 다른 방법을 찾아보자!"라고 생각해 보세요. 에디슨처럼 실수를 성공으로 나아가는 과정으로 생각해 봐요.

❹ 실수에서 배우기

실수했을 때 '실수 보고서'를 써 보면 좋아요. 어떤 실수를 했는지, 왜 실수했는지, 어떻게 개선할지 적어 보세요. 그러다 조금 성장했다면, "이전보다 조금 더 나아졌어!"라고 스스로를 격려하는 거예요.

함께 해 보는 활동 시간

배운 내용을 돌아보는 OX 퀴즈

- 실수는 실패가 아니라 성장의 증거이다. (   )
- 에디슨은 전구를 발명하는 과정에서 실패를 거의 하지 않았다. (   )

빈칸에 알맞은 단어를 넣어 볼까요?

- 문제가 생겼을 때는 충분히 (   )하는 시간을 가져 봐요.
- 작은 (   )도 축하하고, 스스로를 격려해야 다음 도전을 이어 나갈 수 있답니다.

유명한 실수들이 만든 놀라운 발견

다음 중 가장 흥미롭게 느껴지는 이야기를 골라 봐요.

① **페니실린(항생제):** 플레밍이 세균 실험을 하다가 실수로 곰팡이가 들어갔는데, 그 곰팡이 주변의 세균이 모두 죽은 것을 발견하였다. 그것이 우리 몸을 지키는 항생제로 활용된다.

② **포스트잇:** 접착제를 만들려다 실패해서 약한 접착제가 나왔는데, 나중에 떼었다 붙였다 할 수 있는 메모지가 되었다.

③ **전자레인지:** 레이더를 연구하던 과학자가 실수로 주머니 속 초콜릿이 녹은 것을 보고 전자레인지 원리를 발견하였다.

④ **코카콜라:** 두통약을 만들려다 실수로 탄산수와 섞였는데 맛이 좋아서 음료수가 되었다.

내가 선택한 이야기: ______번

이 이야기에서 느낀 점: ______________________________

____

실수 보고서 작성하기

어떤 실수를 했나요?	(예) 수학 문제를 푸는 과정에서 계산 실수를 했어요
왜 실수했나요?	(예) 급하게 풀려고 해서 / 개념을 제대로 이해하지 못해서
이 실수를 통해 무엇을 배웠나요?	(예) 천천히 확인하면서 풀어야 한다는 것을 배웠어요
다음에는 어떻게 하면 좋을까요?	(예) 문제를 다 푼 후 꼭 검산하기

실수한 나에게 해 주고 싶은 말

에디슨은 1만 번 실수했지만 "실패한 게 아니라 여러 가지를 시도한 것"이라고 말했어요. 실수했을 때 나는 어떤 말을 하고 싶나요? 골라 보고, 나만의 말도 만들어 보세요.

내가 선택한 말 (여러 개 선택 가능)

☐ "실패가 아니야, 한 번 시도한 거야!"

☐ "이 방법은 안 되는구나. 배웠어!"

☐ "에디슨도 1만 번 했는데, 나도 할 수 있어!"

☐ "실수할수록 답에 가까워지고 있어."

☐ "괜찮아, 다음엔 더 잘할 거야!"

나만의 격려 한마디: ______________________________

____

생각해 볼까요?

- 에디슨처럼 1만 번 실패해도 포기하지 않으려면 어떤 마음가짐이 필요할까요?
- 실수를 두려워하지 않고 반복하면 어떤 변화가 찾아올까요?
- 친구가 실수했을 때 어떻게 격려해 줄 수 있을까요?

핵심 정리

- **실수:** 실수는 실패가 아니라 성장의 과정이에요. 에디슨처럼 실수할수록 실력이 늘어요.
- **과정:** 고민→질문→실수→성장은 하나로 이어진 과정이에요. 결과보다 과정이 중요해요.
- **시도:** 실수를 두려워하지 말고 계속 시도하세요. 시도하는 만큼 생각하는 힘이 길러져요.

Day 15

완벽보다 중요한 것은 시작하는 마음

먼저 고민해 볼까요?

"완벽하게 하려다가 시작조차 못 한 경험이 있나요?"
"나는 새로운 일을 시작할 때 어떤 마음이 드나요?"

너무 잘하고 싶어서 아무것도 못하는 친구들

수진이의 이야기

수진이는 방 정리를 해야 했어요. "완벽하게 깔끔하게 정리해야겠어. 먼지도 하나 없이 깔끔하게 청소할 거야." 하지만 너무 완벽하게 하려니 어디서부터 시작해야 할지 막막했어요. 그러다 보니 수진이는 오늘 하루 종일 방 정리를 시작하지 못했어요.

지훈이의 이야기

지훈이는 새 그림 도구를 구입한 기념으로 멋진 그림을 그리려고 해요. "이제 준비물은 다 준비했으니까, 그림을 그려봐야겠다." 하지만 계속 망설였어요. "뭘 그리지? 고민되는 걸. 정말 멋진 그림을 그리고 싶은데…. 스마트폰으로 검색해 봐야겠다." 그렇게 지훈이는 일주일 후에도, 한 달 후에도, 그림 그리기를 시작조차 하지 못했어요.

완벽해지려는 마음에서 벗어나는 방법

혹시 여러분도 수진이나 지훈이처럼 "완벽하게 해야지!"라고 생각하다가 시작조차 못한 경험이 있나요? 어떤 일을 완벽하게 해내야겠다는 마음가짐은 언뜻 봤을 때 우리에게 도움이 될 것 같아요. 하지만 실제로는 우리에게 방해가 되는 경우가 더 많아요. '완벽하게 해야 한다'는 생각 때문에 오히려 시작조차 못하게 되거든요. 다행히도 이 문제는 충분히 해결할 수 있어요. 지금부터 한번 알아볼게요.

❶ 완벽하지 않아도 일단 시작하기

완벽한 시작을 기다리지 말고, 서툴더라도 일단 첫걸음을 내딛어 보세요. 멋진 문장이 떠오르지 않아도 한 줄이라도 써보고, 완벽한 계획이 없어도 할 수 있는 것부터 해 보세요.

❷ 작은 부분부터 시작해 보기

큰 목표를 작은 조각으로 나누어서 하나씩 해 보세요. 청소를 하기로 마음먹었다면, 방 전체가 아니라 책상 위를 정리하는 것부터 먼저 시작해 보세요.

❸ 60점을 목표로 하기

100점이 아니라, 60점 정도만 목표로 해 보세요. 완벽한 작품보다는 완성된 작품을, 완벽한 계획보다는 지금 바로 실천할 수 있는 계획을 만들어 보세요.

❹ 조금씩 고쳐 나가기

완벽한 결과를 얻으려 하지 말고, 새로운 것을 시도하는 과정 자체를 즐겨 보세요. 그러다가 부족한 부분이 보이면 조금씩 고쳐 보세요. 첫 번째 시도가 어색해도 괜찮아요. 두 번째, 세 번째 하면서 점점 나아질 거예요.

함께 해 보는 활동 시간

배운 내용을 돌아보는 OX 퀴즈

- 완벽하게 하려는 마음이 오히려 시작을 막는 장애물이 될 수 있다. (　　)
- 완벽한 계획보다도, 지금 당장 실천할 수 있는 계획이 더 좋다. (　　)

빈칸에 알맞은 단어를 넣어 볼까요?

- 100점 완벽함 대신 (　　　)을 목표로 하는 것이 더 현명해요.
- 큰 목표를 이루려면 (　　　)부터 시작하는 것이 좋아요.

나의 완벽주의 점검하기

질문	매우 그렇다	그렇다	보통이다	그렇지 않다	매우 그렇지 않다
실수하는 것을 두려워하나요?					
새로운 일을 시작하기 전에 망설이나요?					
다른 사람들이 나를 어떻게 생각하는지 자주 고민하나요?					

✔ '매우 그렇다', '그렇다'가 많다면 → 완벽주의 성향이 있어요. 완벽을 추구하는 건 좋지만, 실수는 성장의 기회라는 점을 잊지 말아요.

✔ '그렇지 않다'가 많다면 → 칭찬합니다. 실수를 두려워하지 않는 편이에요!

작은 성공 리스트 만들기

내가 이루고 싶은 목표를 정하고, 그것을 이루기 위한 작은 목표들을 순서대로 적어 보세요.

큰 목표
(예) 친구들과 사이좋게 지내기

작은 목표 1	작은 목표 2
(예) 친구에게 먼저 인사하기	(예) 친구 생일 축하해 주기

100점이 아니라, 60점을 목표로 시작해 보기

다음 중 하나를 골라서 오늘 바로 시작해 보세요. 완벽하지 않아도 괜찮아요!

- ☐ 방 정리하기 → 책상 위만 정리해 보기
- ☐ 일기 쓰기 → 한 줄만 써 보기
- ☐ 운동하기 → 스트레칭 3가지만 해 보기
- ☐ 독서하기 → 책 1페이지만 읽어 보기

- 무엇을 선택했나요? ______________________
- 언제 시작해 볼까요? ______________________
- 해 보니 어땠나요? ______________________

생각해 볼까요?

- 수많은 실패를 경험했지만 포기하지 않고 성공한 사람들은 어떻게 그럴 수 있었을까요?
- 완벽하게 하려는 마음과 60점을 목표로 시작하는 마음은 어떻게 다를까요?
- 60점을 목표로 새롭게 시작해 보고 싶은 일이 있나요?

핵심 정리

- **시작:** 완벽하게 하려다 시작도 못 하는 것보다, 일단 시작하는 게 중요해요.
- **작은 발걸음:** 큰 목표도 작은 발걸음부터 시작하면 언젠가는 도달할 수 있어요.
- **60점 목표:** 처음부터 완벽할 필요 없어요. 60점을 목표로 하고 조금씩 나아지면 돼요.

4교시

공부 습관 키우기

Day 16

수업 시간, 집중을 더 잘하는 방법은?

먼저 고민해 볼까요?

"수업 중에 다른 생각을 자주 하는 편인가요?"
"선생님의 말씀에 잘 집중하면 어떤 좋은 점이 있을까요?"

공부 잘하는 학생의 비밀

오랜 기간 학생들을 바라본 선생님들은 공부 잘하는 학생이 보통의 학생과 이런 차이가 있었다고 해요. 똑같은 수업을 들어도 결과가 다른 이유가 바로 이것이었죠!

	보통의 학생	공부를 잘하는 학생
수업 전	"어? 종 쳤네? 이제 자리에 앉아야지."	"곧 종이 치겠다. 미리 자리에 앉아서 준비해야겠네."
수업 중	"칠판에 뭘 적으시네? 잘 모르겠지만 일단 베껴 적자."	"이 부분을 강조하시는구나. 잘 들어 봐야지."
수업 후	"휴, 드디어 끝났다!"	"오늘 배운 내용이 뭐였더라?"

시험 준비	"헉! 시험이 드디어 내일? 벼락치기 해야겠다."	"오늘 배운 내용은 바로 복습해야 나중에 잘 기억할 수 있을 거야."

수업에 더 잘 집중하는 방법

수업에 집중한다는 것은 선생님의 말씀에 귀 기울이고, 배운 내용을 잘 기록하는 것을 말해요. 그런데 때로는 집중하기 어려울 때도 있어요. 자꾸 어디엔가 눈길이 가거나, 친구와 장난치고 싶거나, 다른 생각이 자꾸 떠오를 수 있거든요. 이럴 때 어떻게 하면 수업에 더 잘 집중할 수 있을까요?

❶ 몸과 마음으로 경청하기

선생님의 말씀에 집중하세요. 눈은 선생님을 바라보고, 몸은 선생님 쪽을 향해요. 이해되는 내용에는 고개를 끄덕이며 반응해 보세요.

❷ 수업 중 나만의 규칙 만들기

수업을 들을 때 나만의 규칙을 만들어요. '선생님이 강조한 부분 형광펜으로 표시하기', '수업 시간마다 중요한 단어 3개씩 찾기', '문제 풀어보기' 같은 목표 말이에요.

❸ 질문 만들고 똑똑하게 필기하기

수업을 들으면서 떠오르는 "이게 무슨 뜻이지?", "왜 이렇게 될까?" 같은 질문들을 적어 두세요. 3색 볼펜으로 내용에 따라 검정색(선생님의 필기), 빨간색(선생님이 강조하신 부분), 파란색(내가 중요하다고 생각하는 부분)을 활용해요.

❹ 수업이 끝나고 스스로에게 질문해 보기

수업이 끝나면 잠깐 멈춰서 생각해 보세요.

① 오늘 선생님이 가장 많이 말씀하신 것은 뭘까?

② 내가 새롭게 알게 된 것은 뭘까?

③ 혹시 궁금한 점은 없을까?

함께 해 보는 활동 시간

배운 내용을 돌아보는 OX 퀴즈

- 수업 중에는 선생님에게 혼나지 않을 정도로만 집중하면 된다. (   )
- 수업을 잘 듣기 위한 나만의 규칙을 만들면 집중하는 데 도움이 된다. (   )

빈칸에 알맞은 단어를 넣어 볼까요?

- 상대방의 말에 온몸으로 집중하는 것을 (   )이라고 합니다.
- 수업에서 떠오르는 궁금증을 (   )으로 만들면 더 깊이 생각할 수 있어요.

나의 수업 집중력 점검하기

질문	그렇다	보통이다	아니다
수업 시간에 선생님의 말씀에 경청하나요?			
수업 중 나만의 계획이 있나요?			
수업 중 궁금한 점이 생기면 질문하는 편인가요?			
수업 내용을 기록하면서 듣나요?			

✓ '그렇다'가 많다면 수업에 집중을 잘하고 있다는 뜻입니다.
✓ '보통이다'나 '아니다'가 많다면, 오늘부터 하나씩 실천해 봐요.

수업 집중을 방해하는 것과 도와주는 것을 구분해 보세요

다음 중 집중에 도움되는 것은 ○, 방해되는 것은 ×표 하세요.

- 친구와 속닥속닥 대화하기 (　　)
- 선생님을 바라보며 듣기 (　　)
- 연필로 책상 두드리기 (　　)
- 중요한 내용 필기하기 (　　)
- 창밖 구경하기 (　　)
- 궁금한 것 질문으로 적어 두기 (　　)

나만의 질문 만들기 연습

뜻을 잘 모를 때	(예) 광합성은 무슨 뜻이지?
차이를 모를 때	(예) 나비와 나방은 뭐가 다르지?
해결 방법을 모를 때	(예) 나눗셈은 어떻게 계산하지?
이유를 모를 때	(예) 잎은 왜 초록색이지?

생각해 볼까요?

- 수업에 집중하는 것은 왜 중요할까요?
- 질문하는 것을 부끄러워하는 친구가 있다면, 어떻게 도와줄 수 있을까요?
- 내가 가장 집중하기 어려운 과목은 무엇인가요?

핵심 정리

- 경청: 경청은 단순히 듣는 것이 아니라 눈과 몸과 마음으로 집중하는 것이에요.
- 집중 규칙: 수업 시간에 나만의 규칙을 만들면 집중하는 데 도움이 돼요.
- 궁금증: 수업 중 떠오른 궁금증을 질문으로 만드는 습관이 생각하는 힘을 길러 줘요.

Day 17 복습, 언제 어떻게 할까요?

먼저 고민해 볼까요?

"나는 배운 내용을 복습하는 습관을 가지고 있나요?"
"우리는 한 번 배운 내용을 얼마나 오래 기억할 수 있을까요?"

✦ 에빙하우스 박사님의 놀라운 발견 ✦

1885년, 독일의 에빙하우스 박사님이 재미있는 실험을 했어요. 사람들이 새로 배운 내용을 얼마나 빨리 잊어버리는지 알아본 거예요.
결과가 깜짝 놀라웠어요!

- 20분 후: 거의 절반을 잊어버림
- 하루 후: 4분의 3을 잊어버림
- 일주일 후: 거의 다 잊어버림

"헉! 이렇게 빨리 잊어버린다고?" 하지만 더 중요한 것을 발견했어요. 복습을 하면 잊어버리는 속도가 훨씬 느려진다는 점이에요!

- 첫 번째 복습: 잊는 속도가 절반으로 느려짐
- 두 번째 복습: 더욱 천천히 잊어버림
- 세 번째 복습: 거의 잊지 않음

에빙하우스 박사님은 복습의 중요성을 말해 준 셈이지요!

복습을 잘하는 방법

'복습'이라는 말을 들으면 어떤 생각이 드나요? "수업 시간에 다 배웠는데 왜 또 해야 하지?" 하고 생각할 수도 있어요. 우리 뇌는 중요하지 않다고 생각하는 내용을 저절로 잊어버려요. 그렇지 않으면 머릿속이 너무 복잡해지거든요. 그래서 배운 내용을 자꾸 까먹게 되는 거예요.

그럼 어떻게 하면 될까요? 우리 뇌에게 "이건 중요한 거야!"라고 알려주면 돼요. 그 방법이 바로 복습이랍니다. 여기에서는 효과적인 복습 방법을 알아볼게요.

❶ 수업 직후(5분 정리하기)

복습을 안하면 20분 후부터 배운 내용을 급격히 잊기 시작해요.

- 오늘 배운 게 뭐였는지, 교과서나 공책을 잠깐 살펴봐요.
- 이해 안 된 부분이 있다면 선생님께 바로 질문해요.

❷ **저녁 시간(15분 복습하기)**

복습을 안하면 다음날 배운 내용의 4분의 3을 잊어버려요.

- 그날 배운 내용을 교과서나 공책으로 다시 읽어봐요.
- 배운 내용과 관련된 문제를 5개 정도 풀어봐요.

❸ **주말 (30분 복습하기)**

복습을 안하고 일주일이 지나면 배운 내용을 거의 다 잊어버려요.

- 월요일부터 금요일까지 배운 내용 다시 살펴봐요.
- 새롭게 알게 된 내용을 나만의 복습 공책에 정리해요. 가족이나 친구에게 설명해 보면 더 좋아요.

함께 해 보는 활동 시간

배운 내용을 돌아보는 OX 퀴즈

- 복습은 시험 전날에 열심히 해도 충분하다. (　　)
- 보통 사람들은 수업을 듣고 하루가 지나면 배운 내용의 4분의 3을 잊어버린다. (　　)

빈칸에 알맞은 단어를 넣어 볼까요?

- 한 번 배운 내용을 다시 (　　)을 복습이라고 합니다.
- 수업이 끝난 직후 (　　)분만 정리해도 기억에 큰 도움이 돼요.

에빙하우스 박사님의 실험 이해하기

아래 단어들을 1분 동안 외운 후, 책을 덮고 기억나는 것을 적어 보세요.

<단어 목록>

사과, 연필, 구름, 축구공, 책상, 나비, 피아노, 자전거, 고양이, 우산

(1) 기억하고 있는 단어: ______________________________

(2) 10개 중 몇 개를 기억하고 있나요 : (　　)개

(3) 만약 1시간 뒤, 하루 뒤에 다시 해 본다면 어떨까요? 몇 개를 기억하게 될까요?

에빙하우스 박사님 실험에 따르면 1시간 뒤에는 외운 단어의 절반, 하루 뒤에는 4분의 1만 기억할 수 있다고 해요. 이것이 바로 복습이 필요한 이유예요!

다양한 복습 방법 알아보기

복습하는 방법은 정말 다양해요. 내게 맞는 방법을 찾아보세요!

- 읽기: 교과서 소리 내어 읽기
- 쓰기: 공책에 정리하기, 그림/표로 나타내기
- 말하기: 친구나 가족에게 설명하기
- 문제 풀기: 문제집 풀기, OX퀴즈 만들기
- 질문하기: 선생님께 질문하기, 영상 찾아보기

내가 사용해 봤던 방법	
앞으로 해 보고 싶은 방법	

나만의 복습 계획 세우기

아래 방법 중에서 내가 실천하고 싶은 것을 골라 ✔표 하세요!

수업이 끝난 뒤 (5분)	저녁 시간 (10-15분)	주말 (20-30분)
□ 교과서 한 번 살펴보기 □ 오늘 배운 내용 떠올려 보기 □ 궁금한 점 선생님께 질문하기	□ 교과서 다시 읽기 □ 문제 3~5개 풀어 보기 □ 가족에게 설명해 보기	□ 한 주 동안 배운 내용 훑어보기 □ 모르는 부분 찾아보기 □ 공책에 정리하기

생각해 볼까요?

- 에빙하우스 박사님의 발견을 보고 어떤 생각이 드나요?
- 복습을 하면 나에게 어떤 도움이 될까요?
- 나에게 가장 맞는 복습 방법은 무엇일까요?

핵심 정리

- 복습: 배운 내용을 잊지 않으려면 복습이 꼭 필요해요.
- 반복: 복습은 수업 직후, 저녁, 주말에 조금씩, 자주, 반복하는 것이 좋아요.
- 방법: 읽기, 쓰기, 말하기, 문제 풀기 등 나에게 맞는 복습 방법을 찾아봐요.

Day 18

하루를 알차게 보내는 시간 관리법

먼저 고민해 볼까요?

"나는 하루 계획을 세우는 편인가요?"
"내가 하루 중 시간을 가장 많이 쓰는 활동은 무엇인가요?"

◆ 모든 사람이 받는 똑같은 선물 ◆

모든 사람은 매일 아침 똑같은 선물을 받아요. 그 선물의 이름은 바로 '하루 24시간'이에요.

부자든 가난하든, 어른이든 아이든, 공부를 잘하든 못하든 상관없이 모든 사람이 똑같이 24시간을 받아요. 이 선물은 정말 특별해서 저축할 수도 없고, 다른 사람과 바꿀 수도 없어요. 그리고 하루가 끝나면 시간은 모두 사라져 버리죠.

어떤 사람은 이 24시간으로 많은 일을 해내고 행복함을 느끼는데, 어떤 사람은 항상 시간이 부족하다고 말해요. 그 차이는 무엇일까요? 바로 이 소중한 선물을 어떻게 사용하느냐에 달려 있답니다.

시간을 잘 관리하는 방법

"시간이 부족해!"라고 말한 적이 있나요? 사실 시간은 모든 사람에게 똑같이 주어져요. 하루 24시간, 1시간 60분, 1분 60초. 지구상의 모든 사람이 똑같은 시간을 받고 있어요.

시간을 잘 관리한다는 것은 무엇일까요? 바로 '내가 원하는 것을 할 수 있는 시간을 만드는 것'이에요. 해야 할 일도 제때 끝내고, 하고 싶은 일도 충분히 할 수 있게 되는 거죠.

❶ 내 하루 돌아보기

시간 관리의 첫 번째는 내가 시간을 어떻게 쓰고 있는지 알아보는 거예요. 아침에 일어나서 밤에 잠들 때까지, 내가 뭘 하면서 하루를 보내는지 한 번 적어 보세요. "어? 내가 스마트폰을 이렇게 오래 봤나?"와 같은 깨달음을 얻을 수 있을 거예요.

❷ 더 중요한 것부터 시작하기

하루에 해야 할 일이 많을 때는 무엇부터 해야 할지 정하는 것이 중요해요. 숙제, 준비물 챙기기처럼 꼭 해야 하는 일을 먼저 하고, 그다음에 게임, TV시청 같이 덜 중요한 것을 해요.

❸ 공부가 잘되는 시간 찾기

사람마다 집중이 잘 되는 시간이 달라요. 어떤 친구는 아침에, 다른 친구는 저녁에 더 집중이 잘 되죠. 내가 언제 가장 집중이 잘 되는지 찾아보세요.

❹ 하루 계획 세우고 실천하기

"내일은 뭘 하지?"라는 고민이 들 때는 계획을 세워 보세요. 처음에는 절반만 지켜도 성공이에요. 일단 시작만 해 봐요. 계획을 세울 때는 공부 시간과 함께 놀 시간, 쉴 시간도 꼭 포함시키세요. 충분한 휴식이 있어야 더 집중해서 일할 수 있거든요.

함께 해 보는 활동 시간

배운 내용을 돌아보는 OX 퀴즈

- 하루의 시간은 사람마다 다르게 주어진다. (　　)
- 계획을 실천할 때는 중요한 일부터 먼저 하는 것이 좋다. (　　)

빈칸에 알맞은 단어를 넣어 볼까요?

- 하루에 해야 할 일이 많을 때는 (　　　)를 정해서 중요한 일부터 해요.
- 사람마다 (　　　)이 잘 되는 시간이 다르므로 나만의 공부 시간을 찾는 것이 중요해요.

나의 시간 사용 돌아보기

어제 나의 하루를 돌아볼까요?

시간대	주로 어떤 활동을 했나요?
아침 (7-9시)	
오전 (9-12시)	
점심 (12-1시)	
오후 (1-6시)	
저녁 (6-9시)	
밤 (9-12시)	

나의 하루를 돌아보고 물음에 답해 보세요.

- 가장 긴 시간을 쓴 활동은 무엇인가요? (취침 시간, 식사 시간 제외)

- 공부나 숙제를 가장 잘 집중해서 한 시간은 언제인가요?

- 앞으로 공부는 언제 하면 좋을까요?

평일 계획 세우기

규칙적으로 해야 하는 일들의 시간을 정해볼까요?

- 기상 시간　　오전 _____ 시 _____ 분
- 취침 시간　　오후 _____ 시 _____ 분
- 아침 식사 시간　　오전 _____ 시 _____ 분
- 점심 식사 시간　　오후 _____ 시 _____ 분
- 저녁 식사 시간　　오후 _____ 시 _____ 분
- 숙제 시간　　오후 _____ 시 _____ 분
- 운동 시간　　오후 _____ 시부터 _____ 분 동안
- 자유 시간　　오후 _____ 시부터 _____ 분 동안

친구들에게 조언해 주기

다음 상황에서 시간을 효율적으로 관리하는 방법을 제안해 보세요.

- **상황 1:** 수연이는 오늘 수학 숙제, 과학 관찰일기, 독서 감상문을 써야 하는데, 학원까지 가야 해서 시간이 부족해요. (힌트: 중요한 것부터 먼저 해볼까요?)

  ____

- **상황 2:** 준호는 컴퓨터 게임을 너무 좋아해서 게임만 하다가 다른 일을 자주 잊어버려요. (힌트: 게임 시간을 정해두면 어떨까요?)

  ____

- **상황 3:** 은지는 계획을 꼼꼼하게 세우는 것은 잘하는데, 실제로 계획을 지키는 것이 어려워요. (힌트: 작은 계획부터 시작해 볼까요?)

  ____

생각해 볼까요?

- 시간 관리를 잘하는 친구와 그렇지 않은 친구의 차이점은 무엇일까요?
- 계획을 세웠는데 지키지 못했을 때는 어떻게 하면 좋을까요?
- '시간은 그 무엇과도 바꿀 수 없다'라는 말의 뜻은 무엇일까요?

핵심 정리

- 24시간: 시간은 모든 사람에게 똑같이 하루 24시간으로 주어져요.
- 우선순위: 중요한 일부터 우선순위를 정하면 시간을 더 효율적으로 쓸 수 있어요.
- 계획: 하루 계획을 세울 때는 공부 시간과 휴식 시간을 모두 포함하세요.

Day 19 기억력을 높이는 습관을 소개합니다

먼저 고민해 볼까요?

"배운 내용을 오래 기억하는 가장 효과적인 방법은 무엇일까요?"
"오늘 학교 수업 중 어떤 수업이 가장 기억에 남나요?"

✦ 공부 방법에 따라 기억력이 달라져요 ✦

미국의 '국립행동과학연구소'에서 학생들을 대상으로 흥미로운 실험을 했어요. 같은 내용을 서로 다른 방법으로 공부하게 한 뒤, 일주일 후 얼마나 기억하는지 알아본 거예요. 결과는 다음과 같았어요.

- 강의를 들은 학생들: 5%만 기억
- 내용을 읽은 학생들: 10%만 기억
- 배운 내용으로 친구들과 이야기를 나눈 학생들: 50% 기억
- 다른 사람에게 설명한 학생들: 90% 기억

연구자들은 결과를 보고 이렇게 설명했어요. "우리 뇌는 가만히 받

아들이기만 할 때보다 배운 내용을 말하고, 설명할 때 훨씬 더 활발하게 작동해요!"

기억력을 높이는 방법

여러분도 이런 경험이 있을 거예요. 어제 배운 내용이 오늘은 기억나지 않거나, 시험 전날 외운 것이 시험 볼 때는 생각나지 않는 경험 말이에요.

그런데 말이죠, 잊어버리는 것은 자연스러운 일이에요. 하지만 배운 내용을 더 오래 기억하면 더 좋겠죠? 지금부터 기억을 더 오래 할 수 있는 방법들을 한번 배워 보도록 해요.

❶ 반복해서 보기

같은 내용은 여러 번 보면 볼수록 더 잘 기억할 수 있어요. 한 번 보고 끝내지 말고, 여러 번 반복해서 봐요.

❷ 다른 사람에게 설명하기

가족이나 친구에게 오늘 배운 내용을 설명해 보세요. 인형이나 거울 속 나에게 설명해 봐도 좋아요. 설명하면서 내가 잘 이해하지 못하는 부분을 발견할 수 있어요.

❸ 연결해서 기억하기

새로운 내용을 배울 때는 이미 알고 있는 내용과 연결해서 생각해 보세요. "이건 저번에 배운 것과 이런 점에서 비슷하고, 이런 내용이 다르네!"라고 생각하면 더 쉽게 기억할 수 있어요.

❹ 여러 방법으로 표현하기

우리 뇌는 글자보다 그림을 더 잘 기억해요. 배운 내용을 눈으로 쉽게 볼 수 있도록 마인드맵이나 표로 정리해 보세요. 또 소리 내어 읽거나, 손으로 적어 볼 수도 있어요. 여러 감각을 함께 사용하면 내용을 더 오랫동안 기억할 수 있어요.

함께 해 보는 활동 시간

배운 내용을 돌아보는 OX 퀴즈

- 우리가 배운 내용을 잊어버리는 것은 자연스러운 일이다. (　　)
- 1가지 방법으로만 공부하는 것이 가장 효과적이다. (　　)

빈칸에 알맞은 단어를 넣어 볼까요?

- 눈, 귀, 손 등 여러 방법을 활용해서 공부하면 (　　　)이 좋아져요.
- 새로운 내용을 이미 알고 있는 내용과 (　　　)하면 더 오래 기억할 수 있어요.

기억 방법 실험해 보기

다음 두 방법으로 단어를 외워 보세요.

방법 1)

10번 반복해서 읽고, 글자를 보지 않고 종이에 생각나는 만큼 적어 봅시다.

사과, 연필, 자동차, 책상, 구름, 물고기, 시계, 꽃

방법 2)

이야기로 만든 문장을 3번 반복해서 읽고 나서, 문장을 보지 않고 진하게 표시된 단어를 종이에 생각나는 만큼 적어 봅시다.

- **의자**에 앉은 뒤에, **가방**에서 **공책**을 꺼내서 **나무**를 그렸습니다.
- 그때 **전화기**가 울려 전화를 받으니, 어머니께서 **컴퓨터** 옆에 **고양이**가 신는 **신발**이 있는지 물어보셨습니다.

- 방법 1로 기억한 단어 개수: (　　)개
- 방법 2로 기억한 단어 개수: (　　)개

어떤 방법이 더 효과적이었나요?

두 방법은 어떤 차이가 있었나요?

나에게 맞는 기억 방법 찾기

다음 중 나에게 효과적인 방법 2가지를 골라 보세요.

나에게 효과적인 2가지 방법	왜 그렇게 생각하나요?

□ 반복해서 보기 □ 친구나 가족에게 설명하기 □ 이미 아는 내용과 연결하기
□ 마인드맵이나 표로 정리하기 □ 소리 내어 읽기 □ 배운 내용 손으로 써보기

기억이 잘 되는 환경 만들기

우리의 뇌는 편안한 상태일 때 기억을 더 잘한다고 해요. 다음 중 실천하고 싶은 것 3가지를 골라 보세요.

□ 충분히 잠을 자기 → 뇌가 휴식을 취해서 집중력이 좋아져요.

□ 적당히 식사하기 → 너무 배고프거나 배부르면 집중이 안 돼요.

□ 공부 전 3번 심호흡하기 → 마음이 차분해져요.

□ 조용하고 정리된 공간 만들기 → 산만한 것들이 없어야 집중돼요.

□ 공부 전 가벼운 스트레칭하기 → 몸이 깨어나요.

무엇을 실천해 볼까요?

1) ____________________

2) ____________________

3) ____________________

생각해 볼까요?

- 왜 어떤 내용은 쉽게 기억하고, 어떤 내용은 금방 잊어버릴까요?
- 내용을 오래 기억하는 나만의 공부 방법이 있나요?
- 기억력이 좋아지면 공부 외에 어떤 도움이 될까요?

핵심 정리

- 반복: 같은 내용을 여러 번 반복하면 더 오래 기억할 수 있어요.
- 다양한 감각: 눈, 귀, 손 등 여러 감각을 활용하면 기억력이 좋아져요.
- 설명: 다른 사람에게 설명하는 것이 가장 효과적인 기억법이에요.

Day 20 계획 전문가가 되어 보자

먼저 고민해 볼까요?

"계획을 세웠는데 지키지 못한 경험이 있나요?"
"나는 계획을 세울 때 어떤 점을 가장 고민하나요?"

✦ 아이젠하워 대통령의 시간 관리 비밀 ✦

미국에 아이젠하워라는 대통령이 있었어요. 아이젠하워 대통령은 많은 일을 수행하면서도, 중요한 일을 절대 놓치지 않았어요. 사람들이 "어떻게 그렇게 많은 일을 완벽하게 해내시나요?"라고 물어보자, 대통령이 답했어요.

"비밀은 간단해요. 해야 하는 일들을 4개의 상자에 나누어 넣는 거예요. 1번 상자부터 순서대로 처리하되, 2번 상자에 있는 일들을 평소에 꾸준히 해두면 1번 상자로 넘어가는 일이 줄어들어요!"

< 1번 상자 > 중요하고 급한 일 → 지금 당장 해요! (예) 내일 시험인데 공부 안 한 것	< 2번 상자 > 중요하지만 급하지 않은 일 → 미리미리 준비해요! (예) 꾸준한 독서, 운동
< 3번 상자 > 중요하지 않지만 급한 일 → 최대한 빨리 끝내요! (예) 갑자기 생긴 심부름	< 4번 상자 > 중요하지도 급하지도 않은 일 → 나중에 하거나 안 해도 돼요! (예) 쓸데없는 걱정

똑똑하게 계획을 세우는 4가지 방법

새해나 새 학기를 시작할 때 새로운 계획을 세워 본 적이 있을 거예요. 하지만 며칠 지나지 않아 계획을 지키지 못하는 자신을 발견하고 실망한 적도 있겠지요. 걱정하지 마세요! 어른들도 똑같거든요. 중요한 것은 정말로 지킬 수 있는 계획을 세우는 방법을 아는 거예요.

❶ 현실적이고 구체적인 계획 세우기

좋은 계획의 비밀은 '할 수 있는 만큼만 계획하기'예요. 하고 싶은 일의 절반 정도만 계획에 넣고, 나머지는 여유 시간으로 두세요. 그리고 목표는 숫자로 표현할 수 있게 구체적으로 세워요.

- 공부 잘하기 → 매일 복습 30분 하기
- 책 많이 읽기 → 한 달에 책 3권 읽기

❷ 우선순위 정하기

하루에 해야 할 일이 많을 때는 중요한 일부터 먼저 처리하세요. 아이젠하우어 대통령의 시간 관리 방법을 활용해 봐요.

❸ 한번에 하나씩만 도전하기

새로운 도전은 딱 1가지씩만 해 보세요. “이번 달에는 매일 수학 문제 2개씩만 해결해 보자”처럼 하나만 집중해서 도전해 보세요.

❹ 지금 바로 실천하고 필요하면 수정하기

계획을 세웠다면 바로 시작하세요. 완벽하지 않아도 괜찮아요. 계획은 언제든 바꿀 수 있어요. 너무 어려우면 쉽게, 너무 쉬우면 조금 더 어렵게 만들어 보세요.

함께 해 보는 활동 시간

배운 내용을 돌아보는 OX 퀴즈

- 좋은 계획은 여유 시간 없이 하고 싶은 일로 가득 채운 계획이다. (　　)
- 중요하고 급한 일을 가장 먼저 해야 한다. (　　)

빈칸에 알맞은 단어를 넣어 볼까요?

- 좋은 계획의 비밀은 하고 싶은 일의 (　　　　)만 계획하는 것이에요.
- 새로운 도전은 한 번에 여러 개가 아닌 (　　　　)씩만 해 보세요.

우선순위 정하기 연습

민수에게 어떤 조언을 해 주면 좋을까요?

1) 현재 시각은 오후 2시입니다. 민수는 오늘 해야 할 일이 너무 많습니다.

- 내일 영어 단어 시험 공부하기
- 오후 4시, 친구와 놀기로 한 약속
- 문구점에서 내일 준비물 구입하기
- 오후 7시, 좋아하는 TV 프로그램 보기
- 오후 9시, 부모님과의 대화시간

2) 민수에게 해 주고 싶은 조언: ________________________________

(예) 민수야 해야 하는 일이 너무 많은 것 같은데 TV 프로그램은 주말에 보면 어떨까?

목표 개선하기 연습

좋은 목표는 2가지 특징이 있어요.

첫째, 숫자로 표현할 수 있어야 해요.

둘째, 내가 실제로 해낼 수 있는 정도를 목표로 정해요. 특히, 처음 시도하는 목표라면 내가 10분 안에 마칠 수 있는 목표가 좋아요.

아쉬운 목표	좋은 목표
수학 공부 열심히 하기	매일 수학 학습지 2장 풀기
운동 열심히 하기	(힌트: 얼마만큼 해야 열심히 인가요?)
친구와 잘 지내기	(힌트: 무엇을 해야 친구와 잘 지낼 수 있을까요?)
책 많이 읽기	(힌트: 구체적으로 얼마만큼 읽어야 할까요?)

아이젠하우어 대통령 방법으로 계획 세우기

내가 해야 할 일들을 4개 상자에 나누어 넣어 보세요.

1번 상자(중요하고 급한 일) 지금 당장 해야 할 일:	2번 상자(중요하지만 급하지 않은 일) 미리미리 준비할 일:
3번 상자(중요하지 않지만 급한 일) 빨리 끝낼 일:	4번 상자(중요하지도 급하지도 않은 일) 나중에 하거나 안 해도 되는 일:

이번 주 계획:

1번 상자부터 순서대로 처리하되, 2번 상자의 일도 조금씩 해 보겠습니다!

생각해 볼까요?

- 계획을 지키지 못했을 때는 어떻게 하면 좋을까요?
- 친구와 함께 목표를 세우는 것과 혼자 세우는 것 중 어느 것이 더 좋을까요?
- 어른이 되어서도 목표와 계획이 중요할까요?

핵심 정리

- 계획: 실제로 실천할 수 있는 현실적인 계획을 세워 봐요.
- 순서: 중요한 일과 급한 일을 구분해서 계획의 순서를 정해 봐요.
- 수정: 계획은 상황에 맞춰 언제든 수정할 수 있어요.

점심시간

공부를 더 잘하게 해 주는 6가지 방법

첫 번째 방법

메모하기

컴퓨터는 입력된 내용을 정확하게 기억할 수 있어요. 컴퓨터에는 하드디스크나 SSD라는 저장 장치가 있어서, 모든 정보를 정확하게 저장할 수 있어요. 그래서 필요한 정보를 차곡차곡 쌓아 넣고 필요할 때 바로 가져올 수 있어요. 정말 부럽죠?

그런데, 사람에게도 기억 도우미가 있다는 사실 알고 있나요? 바로 메모입니다. 중요한 내용을 글이나 그림으로 적어 두면, 나중에 다시 볼 수 있고 더 오래 기억할 수 있어요.

메모를 잘하는 방법

1. 기본 정보부터 적기

메모를 시작하기 전에 노트 맨 위에 3가지를 꼭 적어요.

- 날짜:
- 과목:
- 주제:

(예) 3월 15일 / 과학 / 식물의 한살이

2. 그림으로 표현하기

- 마인드맵: 종이 가운데에 주제를 적고, 나뭇가지처럼 관련된 내용들을 연결해 보세요.
- 그림 그리기: 글로 적기 어려운 내용은 그림으로 그려 보세요. 동그라미, 네모, 화살

표만 써도 훌륭한 메모가 돼요.

3. 제목과 숫자 활용하기

내용의 제목을 가장 위에 적고, 자세한 내용은 번호를 붙여서 정리해요.

- 동물의 특징
  1) 스스로 움직일 수 있어요.
  2) 다른 생물을 먹고 살아요.
  3) 새끼를 낳아 기르기도 해요.

4. 강조할 부분 표시하기

선생님이 칠판에 적어 주시는 내용은 모두 적고, 선생님께서 강조하시는 부분은 밑줄 치거나 별표를 해두세요. 형광펜을 활용해도 좋아요.

5. 다시 읽기

메모가 끝나면 전체 내용을 소리 내어 한 번 읽어 보세요. 그날 저녁에 한 번 더 읽어 보면 복습 효과가 더 좋아요.

◎ 핵심 정리

- 중요한 정보: 메모는 우리가 중요한 정보를 기억할 수 있도록 도와줘요.
- 핵심 단어와 문장: 모든 내용을 적지 않고, 핵심 단어나 문장만 골라서 적어요.
- 그림: 메모할 때 그림을 활용하면 더 이해하기 쉬워요.

◎ 시도해 보기

- ☐ 메모 시작할 때 날짜, 과목, 주제 꼭 적어 보기
- ☐ 어려운 개념을 마인드맵이나 그림으로 표현해 보기
- ☐ 수업 후 메모한 내용을 소리 내어 읽어 보기

두 번째 방법

질문 만들기

유명한 물리학자 아인슈타인은 이런 말을 했어요. “저에게 어떤 문제를 해결할 시간으로 1시간을 준다면, 55분은 질문을 만드는 데에 쓸 거예요.”
질문은 생각을 깊게 만들어 주고, 내가 집중해야 하는 일을 찾아 줍니다. 또한, 지금 나에게 필요한 것이 무엇인지 알 수 있게 해 줍니다. 질문을 많이 하는 학생들이 공부를 더 잘하게 되는 이유예요.

질문을 잘하는 방법

1. 떠오른 질문 바로 적어 보기

어떤 주제를 보고 떠오르는 질문을 모두 적어 봐요. “왜 그럴까?”, “어떻게 될까?”, “정말일까?” 같은 궁금증이 생기면 바로 메모장에 적어 보세요.

2. 수업 전 교과서를 훑어보면서 질문해 보기

새로운 단원을 배우기 전에 교과서를 먼저 읽어 보세요. 그러면서 “이게 뭐지?”, “왜 이렇게 될까?” 하는 질문들을 적어 보세요. 예를 들어볼게요.

1) 모르는 단어가 나오면 → “이 단어는 무슨 뜻일까?”

2) 그림이나 사진을 보면 → “이 그림(사진)은 왜 여기에 있을까?”

3. 육하원칙 질문 만들기

‘누가, 언제, 어디서, 무엇을, 왜, 어떻게’를 이용해서 질문을 만들어 보세요.

예를 들어 '지구의 자전'을 배웠다면 "언제부터 지구가 돌기 시작했을까?", "왜 지구는 계속 돌고 있을까?", "어떻게 지구가 돌고 있다는 것을 알았을까?" 처럼 다양한 질문을 만들 수 있어요.

4. 질문과 친해지기

질문하는 것을 부끄러워하지 마세요. 자주 질문하는 사람이 더 좋은 질문을 만들 수 있어요. "모르는 게 당연해, 물어보는 게 당연해"라고 생각하면 질문하기가 훨씬 쉬워요.

◎ 핵심 정리

- 생각: 질문은 생각을 깊게 만들어요.
- 집중: 질문은 우리가 집중할 수 있게 도와줘요.
- 용기: 질문하는 것을 부끄러워하지 말고 자주 해 보세요

◎ 시도해 보기

☐ 오늘 수업을 들으며 궁금했던 점을 질문으로 만들어 보기

☐ 육하원칙을 활용해서 오늘 배운 내용에 대한 다양한 질문 만들어 보기

☐ 내가 만든 질문의 답을 스스로 먼저 찾아보기

세 번째 방법

경청하기

친구가 내 말을 제대로 듣지 않고, 자신이 하고 싶은 말만 하면 기분이 어떤가요? 당연히 기분이 좋을 리가 없겠죠. 상대의 말에 경청하는 태도는 친구 관계에서 매우 중요해요.

그런데 공부를 잘하기 위해서도 경청하는 자세가 필요하다는 것 알고 있었나요? 선생님의 설명을 잘 듣는 학생과 그렇지 않은 학생의 성적 차이는 매우 크답니다. 경청은 단순히 예의가 아니라 학습 능력을 키우는 중요한 방법이에요.

경청을 잘하는 방법

1. 몸으로 경청하기

눈은 상대방의 얼굴을 바라봐요. 배꼽의 방향이 상대를 향하게 앉아 보세요. 이해되는 말에는 고개를 끄덕이면 더 좋아요. 수업 시간에는 책상에 팔꿈치를 대고 살짝 앞으로 기대는 자세가 집중하는 데 도움이 돼요.

2. 소리로 경청하기

상대방이 말할 때 적절한 반응을 보여 주세요.

- **맞장구치기:** "맞아!", "그렇구나!", "정말 재미있다!"
- **정리하기:** "그러니까 네가 하는 말은 (　　)라는 거지?"

- 질문하기: “그러면 만약 (　　)라면 어떻게 될까?”

3. 집중 환경 만들기

경청을 방해하는 것들을 미리 정리해 두세요. 스마트폰은 보이지 않는 곳에 두고 공부에 필요한 준비물 외에는 깔끔하게 정리해요.

4. 이해했는지 확인하기

들은 내용을 제대로 이해했는지 스스로 점검해 보세요. “내가 방금 들은 내용을 친구에게 설명할 수 있을까?”라고 생각해 보세요. 만약 설명하기 어렵다면 아직 완전히 이해하지 못한 거예요.

◎ 핵심 정리

- 집중: 몸과 마음으로 상대방의 말에 집중해요.
- 반응: 적절한 맞장구와 질문으로 친구의 말에 반응해요.
- 점검: 들은 내용을 제대로 이해했는지 스스로 점검해요.

◎ 시도해 보기

- ☐ 수업 시간에 선생님 얼굴 보며 듣기
- ☐ 친구가 말할 때 맞장구치기, 정리하기, 질문하기로 경청하기
- ☐ 공부 시작 전에는 책상 위를 깔끔하게 정리하기

설명하기

'설명하기'는 가장 효과적인 학습 방법이라고 해요. 왜냐하면 설명하는 과정에서 배운 내용을 쉽게 이해하고, 더 오래 기억할 수 있거든요.
왜 그럴까요? 다른 사람에게 설명하려면 내가 먼저 정확히 알아야 해요. 그리고 상대방이 이해할 수 있도록 쉬운 말로 바꿔서 말해야 해요. 이 과정에서 내 머릿속에 있던 지식이 더욱 단단해지고 오래 기억에 남게 되는 거예요.

설명을 잘하는 방법

1. 주제부터 명확히 말하기

설명을 시작할 때는 **"오늘 내가 설명할 주제는 (　)이야"**라고 먼저 말해 주세요. 예를 들어 "오늘 내가 설명할 주제는 물의 순환이야"처럼 말이에요. 그러면 듣는 사람이 무엇에 대한 이야기인지 미리 알 수 있어요.

2. 새롭게 알게 된 사실 설명하기

"내가 이번에 새롭게 알게 된 것은 (　)이야"라고 말하면서 설명을 시작해 보세요. "식물도 우리처럼 밤에 잠을 잔대, 신기하지? 낮에는 잎을 활짝 펴고 있다가 밤이 되면 잎을 오므린대."처럼, 새로운 사실을 배웠을 때의 놀라움이나 신기함을 함께 전달하면 듣는 사람도 더 잘 집중할 수 있어요.

3. 쉬운 예시로 설명하기

복잡한 내용은 쉬운 예시로 설명해 보세요. **"예를 들어서 말이야"**라고 시작하면서 일상생활에서 볼 수 있는 것들로 설명하면 좋아요. 몸에서 혈액이 순환하는 모습을 설명할 때, "심장은 펌프 같고, 혈관은 파이프 같아"처럼 비유를 사용하면 훨씬 이해하기 쉬워져요.

4. 상대방이 이해했는지 물어보기

"여기까지 이해됐어?"라고 중간중간 물어 보세요. 상대방이 이해하지 못했다면 다른 방법으로 다시 설명해 주면 돼요.

◎ 핵심 정리

- 이해: 다른 사람에게 설명하면 내가 더 잘 이해하게 돼요.
- 예시: 어려운 내용을 쉬운 예시로 설명해요.
- 확인: 상대방이 이해했는지 중간중간 확인해요.

◎ 시도해 보기

☐ 오늘 배운 내용을 가족에게 3분 동안 설명해 보기

☐ 어려운 과학 개념을 일상생활 예시로 설명해 보기

☐ 친구와 서로 번갈아 가며 설명하고 질문하기

다섯 번째 방법

나만의 실수노트 만들기

실수노트라는 말 들어봤나요? 문제를 틀렸을 때 그 문제를 모아두는 노트예요. 문제를 틀리는 이유는 대부분 2가지예요. 실수를 했거나 잘 모르는 내용이었기 때문이에요.

많은 친구들이 틀린 문제는 그냥 넘어가거나 한 번만 보고 끝내요. 하지만 틀린 문제는 나를 더 똑똑하게 만들어주는 최고의 선생님이에요. 실수노트를 잘 만들면 같은 실수를 또 하지 않고, 몰랐던 것도 확실히 알 수 있어요.

실수노트를 잘 만드는 방법

1. 문제를 틀린 이유 적기

틀린 문제를 베껴 쓰기 전에 잠깐 생각해 보세요. “왜 틀렸을까?”
문제 옆에 틀린 이유를 적어두면 나중에 구분하기 쉬워요.

1) ‘실수’ 표시: 알고 있는데 틀린 경우
  - 계산 실수 (받아올림, 받아내림 실수)
  - 문제를 제대로 안 읽음

2) ‘모름’ 표시: 몰라서 틀린 경우
  - 처음 보는 문제
  - 풀이 방법을 모름

2. 내가 자주 하는 실수 유형 찾기

'실수' 표시한 문제들을 모아 보면 내가 자주 하는 실수를 발견할 수 있어요. 초등학생이 자주 하는 수학 문제 속 실수는 다음과 같아요.

- 계산 실수 (곱셈, 나눗셈에서 자주 틀림)
- 중요한 단어 놓침 ('모두', '빼고', '아닌 것' 등)
- 단위 헷갈림 (cm와 mm, kg과 g 등)

3. 정답과 풀이 과정 적기

정답만 적지 말고 문제를 제대로 해결하는 풀이 과정을 차례대로 적어요. 예를 들어 "38×24=912"라고만 적지 말고, 곱셈을 어떻게 계산했는지 단계별로 적는 거예요. 나중에 다시 볼 때 "아, 이렇게 풀었구나!"라고 쉽게 기억할 수 있어요.

4. 실수노트 다시 보기

실수노트는 한 번 만들고 끝이 아니에요. 자주 봐야 진짜 도움이 돼요.
일주일에 한 번 반복적으로 살펴보다가, 시험 직전에 집중해서 보면 좋아요.

◎ 핵심 정리

- **구분:** 실수로 틀린 것과 몰라서 틀린 것을 구분해서 기록해요.
- **실수 유형:** 자주 하는 실수 유형을 찾아 실수를 줄여요.
- **다시 보기:** 일주일에 한 번씩 실수노트를 다시 보면서 실력을 쌓아요.

◎ 시도해 보기

- ☐ 틀린 문제를 '실수' 또는 '모름'으로 나누어 보기
- ☐ 내가 자주 하는 실수 유형 발견하기
- ☐ 틀린 문제의 올바른 풀이 과정 적어 보기

여섯 번째 방법

생각 나누기

친구들과 생각을 나누다 보면 서로 다른 점을 쉽게 발견할 수 있어요. “어? 너는 그렇게 푸는구나!”, “이 방법이 더 쉬운 것 같아!” 이런 대화를 통해 새로운 것을 배우게 되죠.

생각을 나눈다는 것은 내 방법과 다른 사람의 방법을 비교해 보고, 더 좋은 방법을 찾아가는 거예요. 퍼즐 조각을 맞춰가듯이, 여러 사람의 생각을 모으면 더 나은 답을 찾을 수 있어요.

생각을 잘 나누는 방법

1. 서로 가르쳐 주기

내가 잘하는 과목은 친구에게 가르쳐 주고, 친구가 잘하는 과목은 배워 보세요. 가르쳐 주는 사람도 설명하면서 더 확실히 알게 되고, 배우는 사람도 새로운 방법을 익힐 수 있어요.

2. 틀린 부분 함께 고민하기

어려운 문제나 틀린 문제가 있을 때 혼자 끙끙 앓지 말고 친구와 함께 고민해 보세요. “이 문제 어떻게 푸는지 아는 사람 있어?”, “나는 이렇게 생각했는데 어떻게 생각해?” 여러 명이 머리를 맞대면 좋은 아이디어가 나올 수 있어요.

3. 좋은 점은 배우고 따라하기

친구의 공부하는 모습을 보면서 좋은 점은 따라해 보세요. 예를 들어 친구가 필기를 정말 깔끔하게 한다면 그 방법을 배워 보는 거예요. 서로의 장점을 나누면 모두가 더 좋아질 수 있어요.

4. 서로 존중하는 태도로 대화하기

생각을 나눌 때 가장 중요한 것은 서로를 존중하고 격려하는 태도예요. 다른 사람의 의견이 나와 달라도 "그것도 좋은 생각이네"라고 먼저 인정해 주세요. "너는 틀렸어"라고 말하지 말고 "이런 방법은 어때?"라고 친절하게 제안하면 서로 배울 수 있어요.

또, 친구가 열심히 노력하는 모습을 보면 "정말 열심히 하는구나", "많이 늘었네!" 같은 칭찬을 해 주세요. 힘들어할 때는 "괜찮아, 조금씩 하면 돼"라고 격려해 주고요. 작은 칭찬 한마디가 친구에게 큰 힘이 된답니다.

◎ 핵심 정리

- 나누기: 내 방법과 친구 방법을 서로 나누면서 배워요.
- 함께 고민: 어려운 문제를 함께 고민하면 더 쉽게 풀 수 있어요.
- 격려: 서로 칭찬하고 격려하면서 함께 성장해요.

◎ 시도해 보기

- ☐ 친구에게 칭찬이나 격려 한마디 건네기
- ☐ 어려운 문제를 골라 친구와 함께 풀어 보기
- ☐ 친구와 잘 아는 것을 서로에게 가르쳐 주기

Part 3

단단한 공부 실력을 완성하는 10일

5교시

공부 실력 다지기

Day 21

책 읽기 전에도 준비 운동이 필요하다고요?

먼저 고민해 볼까요?

"나는 평소에 주로 어떤 책을 읽나요?"
"책을 읽기 전에 표지나 목차를 살펴본 적이 있나요?"

✦ 초등학생들이 말하는 친구 사귀는 방법 ✦

여러분들은 새로운 친구를 어떻게 사귀나요? 한 연구기관(와이즈캠프 설문조사, 2015)에서 전국 초등학생들에게 물어봤어요. "새로운 친구를 사귈 때는 어떻게 하는 게 좋을까요?"

그 결과는 다음과 같았어요.

3위: 친구의 말에 경청하기

2위: 친구와 같이 놀기

1위는 무엇이었을까요? 바로 '**친구에게 먼저 다가가서 말 걸기**'였어요!

책과의 만남도 이와 비슷해요. 새 친구를 사귈 때 먼저 다가가듯이, 책도 먼저 다가가서 인사를 나눠보는 거예요. 책을 바로 읽기 시작하지 말고, 표지와 목차를 살펴보며 책과 자연스럽게 인사하는 거죠. 이렇게 조금씩 알아가면 책을 쉽고 편하게 읽을 수 있어요.

책 읽기를 준비하는 방법

많은 친구들이 책을 읽기 시작할 때 표지는 그냥 넘어가는 경우가 많아요. 하지만 책 표지에는 책 읽기에 도움이 되는 정말 많은 정보가 담겨 있답니다. 조금만 준비하면 책을 더 효과적으로, 재미있게 읽을 수 있다는 뜻이죠. 본격적인 운동 전에 준비 운동을 하는 것과 비슷하다고 생각하면 좋아요.

❶ 책 표지 살펴보기

책 표지에는 중요한 정보가 많이 숨어 있어요. 그림 속 인물이 누구인지, 어떤 곳에서 일어나는 이야기인지 표지만 봐도 알 수 있거든요. "이 책은 어떤 내용을 다루고 있을까?" 상상해 봅시다.

❷ 목차 살펴보기

목차는 책의 지도 같은 거예요. 이 책이 몇 개의 장으로 나뉘어 있는지, 어떤 순서로 이야기가 펼쳐질지 미리 상상해 볼 수 있어요.

❸ 책 내용에 대해 상상해 보기

책과 비슷한 이야기를 본 적이 있는지 생각해 보세요. "주인공은 어떤 모험을 할까?, 이 책을 읽으면 새로 뭘 알게 될까?" 이런 질문을 스스로에게 해 보세요. 상상하면서 읽으면 책이 훨씬 재미있어져요.

❹ 첫 30쪽 읽어 보기

책의 처음 30쪽만 읽어 봐도 이 책이 나에게 맞는지 알 수 있어요. 글씨 크기는 어떤지, 내용이 재미있는지 확인해 보세요. 30쪽을 읽었는데 재미없다면 다른 책을 골라도 괜찮아요.

함께 해 보는 활동 시간

배운 내용을 돌아보는 OX 퀴즈

- 목차를 보면 책의 전체 구조를 파악할 수 있다. (　　)
- 책은 반드시 끝까지 읽어야 한다. (　　)

빈칸에 알맞은 단어를 넣어 볼까요?

- 책 읽기도 운동처럼 (　　　)이 필요해요.
- 첫 (　　　)쪽 정도 읽어 보면 책이 나에게 맞는지 알 수 있어요.

책 탐정 놀이

집에 있는 책이나 도서관의 책 한 권을 골라서 탐정이 되어 단서를 찾아보세요!

- **1단계:** 표지에서 찾을 수 있는 것을 적어 볼까요?

  ______________, ______________, ______________

- **2단계:** 제목을 통해 무엇을 알 수 있나요?

  ____

- **3단계:** 목차에서 가장 흥미로운 소제목 1개를 골라 보아요.

  ____

- **4단계:** 단서들로 책 내용 추리해 보기

이 책은 ________________ 에 관한 이야기일 것 같아요.

책과 첫 만남 기록지

새로운 친구를 만났을 때처럼 책과의 첫 만남을 기록해 보세요!

제목: ________________

첫인상: □ 재미있어 보여요 □ 궁금해요 □ 어려워 보여요

이 책은 ________________ 에 관한 이야기일 것 같아요.

30쪽을 읽고 느낀 점: ________________

____

30초 첫인상 표현하기

가족이나 친구에게 이 책에 대한 첫인상을 30초 동안 말해 보아요. 아래와 같은 표현을 쓰면 좋아요.

표지를 보고 추측할 때	"표지를 보니 ________ 에 관한 이야기인 것 같아." "이 그림을 보면 ________ 가 나올 것 같아."
제목을 보고 예상할 때	"제목이 ________ 라서 ________ 할 것 같아." "제목을 보니 ________ 한 기분이 들어."
목차를 보고 짐작할 때	"목차를 보니 ________ 에 대해 다루는 것 같아." "목차 중에서 ________ 부분이 재미있을 것 같아."

생각해 볼까요?

- 책을 읽기 전에 미리 내용을 상상해 보는 것이 왜 도움이 될까요?
- 한번 읽기 시작한 책은 끝까지 읽어야 할까요?
- 표지와 목차를 살펴보는 것이 책 읽기에 어떤 도움이 될까요?

핵심 정리

- 준비 운동: 책을 읽기 전에 준비 운동을 하면 더 재미있게 읽을 수 있어요.
- 훑어보기: 표지, 목차, 첫 30쪽을 통해 책을 훑어봐요.
- 선택: 책을 훑어보고 내가 읽고 싶은 책을 선택해 봐요.

Day 22

책 읽기에도 다양한 방법이 있답니다!

먼저 고민해 볼까요?

"나는 주로 책을 어떤 방법으로 읽나요?"

"책을 더 효과적으로 읽으려면 어떻게 해야 할까요?"

✦ 조선 시대의 독서 천재 ✦

조선시대에는 책 읽기를 정말 잘하는 위인들이 많았어요.

세종대왕은 '백독백습'을 중요하게 생각했어요. '백 번 읽고 백 번 쓴다'는 뜻이에요. 한 권의 책이라도 제대로 읽는 것이 중요하다고 했답니다.

정약용 선생님은 '정독'을 중요하게 생각했어요. 글자와 단어의 뜻을 하나하나 알아가며 꼼꼼하게 읽는 거예요.

신사임당은 책을 읽다가 좋은 내용이 나오면 종이에 적어서 집안 곳곳에 붙여 놓았어요. 신사임당의 아들, 율곡 이이는 집안을 오가며 어머니가 붙여 놓은 글귀들을 자연스럽게 반복해서 보며 저절로 기억하게 되었고, 이런 '중요한 내용을 기록하고 자주 보는 학습 방법'을 익혀 훗날 조선시대 최고의 학자 중 한 명이 되었답니다.

똑똑하게 책을 읽는 방법

위에서 살펴본 것처럼 조선시대 독서 천재들은 단순히 글자를 읽는 것이 아니라, 다양한 읽기 방법을 사용해서 책을 읽었어요. 중요한 부분에 표시를 하기도 하고, 소리 내어 읽어 보기도 하죠. 그러면 지금부터 조선시대 위인들처럼 똑똑하게 책을 읽는 방법을 자세히 알아볼까요?

❶ 표시하며 읽기

책을 읽을 때 중요한 부분에 특별한 표시를 해두는 것이 좋아요. 중요하다고 생각되거나 기억하고 싶은 부분에 밑줄을 치거나 동그라미를 쳐보세요. 책을 다시 볼 때 내가 집중했던 부분을 쉽게 찾을 수 있겠죠?

❷ 소리 내어 읽기

소리 내어 읽으면 내용을 더 쉽게 이해하고 오랫동안 기억할 수 있어요. 친구에게 이야기하듯이 자연스럽게 읽어 보세요.

❸ 목차 활용하며 읽기

목차는 책의 지도 같은 거예요. 목차를 보면 내가 읽고 싶은 부분을 쉽게 찾을 수도 있어요. 책을 다 읽은 후에는 목차를 다시 살펴보며 내용을 쉽게 떠올릴 수 있어요.

❹ 필요한 부분만 골라서 읽기

모든 책을 처음부터 끝까지 다 읽을 필요는 없어요. 백과사전이나 참고서처럼 필요한 정보가 담긴 책은 목차를 보고 내가 원하는 부분만 찾아 읽으면 돼요. 예를 들어 공룡에 대해 알고 싶다면 공룡이 나오는 장만 골라서 읽는 거죠.

함께 해 보는 활동 시간

배운 내용을 돌아보는 OX 퀴즈

- 소리 내어 읽으면 내용을 더 잘 이해할 수 있다. (　　)
- 모든 책을 반드시 처음부터 끝까지 읽어야 한다. (　　)

빈칸에 알맞은 단어를 넣어 볼까요?

- 책을 읽을 때 중요한 부분에 (   )하면 내가 집중했던 부분을 쉽게 찾을 수 있어요.
- (   )를 보면 책의 전체 구성을 알 수 있어요.

소리 내어 읽기 연습

다음 글을 소리 내어 읽어 보세요. 중요한 부분은 천천히, 강조하며 읽어 보세요.

토끼와 거북이

토끼와 거북이가 경주를 했어요. 빠른 토끼는 자신만만해서 중간에 잠깐 쉬기로 했어요. 하지만 느리지만 꾸준한 거북이는 멈추지 않고 계속 걸어갔어요. 결국 거북이가 경주에서 이겼답니다. 이 이야기는 꾸준함이 얼마나 중요한지 보여줘요.

어느 부분을 강조하며 천천히 읽었나요?

____

____

눈으로 읽을 때와 소리 내어 읽을 때 어떤 차이가 있었나요?

____

____

표시하며 책 읽기

10분 동안 내가 좋아하는 책을 읽으며 중요하다고 생각하는 부분을 표시해 봅시다.

어디에 표시했나요?	왜 표시했나요?

목차 보고 내용 추리하기

다음은 어떤 책의 목차입니다. 목차를 보고 질문에 답해 봅시다.

책 제목: 신비한 바다 탐험

1장. 바다 깊은 곳으로

2장. 신기한 바다 생물들

3장. 보물을 찾아서

4장. 위험한 상황 탈출

5장. 집으로 돌아가는 길

- 이 책의 주인공은 누구일 것 같나요? ______________________
- 어떤 이야기가 펼쳐질 것 같나요? ______________________
- 가장 궁금한 장은 몇 장인가요? ______________________

생각해 볼까요?

- 책에 줄을 치거나 동그라미를 표시하며 읽으면 어떤 점에서 좋을까요?
- 교과서와 이야기책을 읽는 방법에는 어떤 차이가 있을까요?
- 소리 내어 읽기와 눈으로만 읽기의 차이는 무엇일까요?

핵심 정리

- 표시하기: 중요한 부분에 표시하며 읽으면 내가 집중한 부분을 쉽게 찾을 수 있어요.
- 소리 내어 읽기: 소리 내어 읽으면 집중력과 기억력이 높아져요.
- 목차 활용하기: 목차를 활용하여 나에게 필요한 부분을 골라 읽을 수 있어요.

Day 23

책 내용을 더 잘 이해하고 싶다면 이렇게 해 봐요

먼저 고민해 볼까요?

"나는 책을 읽을 때 책 내용에 대해 고민하며 읽는 편인가요?"
"책의 내용을 더 잘 이해하고 기억하려면 어떻게 해야 할까요?"

✧ 민수와 지혜의 다른 독서법 ✧

민수와 지혜는 둘 다 책을 좋아하는 친구들이에요. 하지만 책을 읽는 방법이 완전히 달랐어요.

민수: "나는 한 달에 20권을 읽어!"

민수는 책을 빨리빨리 읽었어요. 한 페이지를 30초 만에 넘기고, 모르는 단어가 나와도 그냥 지나쳤어요.

지혜: "나는 한 달에 2~3권을 읽어."

지혜는 책을 천천히 읽었어요. 중요한 문장에는 밑줄을 치고, 궁금한 점은 노트에 적었어요.

어느 날, 선생님이 물어보셨어요.

"지난달에 읽은 책 중에서 가장 기억에 남는 내용을 발표해 볼까요?"

민수는 당황했어요. 20권이나 읽었는데 정작 기억나는 게 별로 없었거든요.

지혜는 자신 있게 발표했어요. 책의 내용과 자신의 경험을 연결해서 멋진 발표를 했어요.

그날 이후 민수는 깨달았어요. "아, 많이 읽는 것보다 제대로 읽는 게 더 중요하구나!"

책을 더 깊이 있게 읽는 방법

많은 친구들이 민수처럼 책을 "많이 읽어야 한다."고 생각해요. 하지만 지혜가 보여준 것처럼 더 중요한 것은 얼마나 많이 읽느냐가 아니라 얼마나 깊이 있게 읽는가예요.

꼼꼼하게 읽는다는 것은 단순히 글자를 읽는 것을 넘어서, 책에 대해서 스스로 고민해 보는 것이에요. 마치 친구와 깊은 대화를 나누는 것과 비슷하죠.

❶ 기록하며 읽기

책을 읽으면서 중요한 내용이나 떠오르는 생각을 적어 보세요. 중요한 문장을 옮겨 적고, 나의 생각을 정리하면서 책의 내용을 더 잘 이해하게 돼요.

❷ 평가하며 읽기

책을 다 읽은 후에는 이 책에 대한 별점도 매겨 보고, 한 줄 평도 써 보세요. "이 책에서 가장 중요한 내용은 뭘까?", "누구에게 추천하고 싶을까?" 이렇게 생각해 보세요.

❸ 질문 만들며 읽기

책을 읽으며 여러 가지 질문을 만들어 보세요. "왜 이럴까?", "만약 ~라면?" 같은 질문을 만들면 더 깊이 생각할 수 있어요.

❹ 반복해서 읽기

같은 책을 여러 번 읽어 보세요. 처음 읽을 때 놓친 부분들을 두 번째 읽을 때는 새롭게 발견할 수 있고, 읽을 때마다 새로운 깨달음을 얻을 수도 있답니다.

❺ 연결하며 읽기

책에서 읽은 내용을 내 경험이나 다른 책의 내용과 연결해서 생각해 보세요. 또는, 주인공이 겪었던 일과 비슷한 경험을 떠올려 보면 책 내용을 더 쉽게 이해할 수 있을 거예요.

함께 해 보는 활동 시간

배운 내용을 돌아보는 OX 퀴즈

- 책에 별점을 매기는 것도 '평가하며 읽기'의 한 방법이다. (　　)
- 책을 읽고 질문을 만들 때는 책에서 정답을 찾을 수 있는 것만 만들어야 한다. (　　)

빈칸에 알맞은 단어를 넣어 볼까요?

- (　　　)을 만들며 책을 읽으면 더 깊이 생각할 수 있어요.
- 책을 (　　　)해서 읽으면 더 많은 것을 발견할 수 있어요.

평가하며 읽기 연습

여러분이 최근에 읽었던 책에 대한 평가를 매겨 볼까요?

1) 별점 매기기: 이 책에 대한 별점을 매겨 볼까요? 어떤 점에서 좋았고, 어떤 점에서 아쉬움이 들었나요?

책 이름	(예) 토끼와 거북이	☆☆☆☆☆
한 줄 평	(예) 끈기의 중요성을 알려주는 책이다.	

2) 추천하기: 세상의 모든 책에는 작가의 경험과 고민이 녹아들어 있어요. 분명히 누군가에게는 큰 도움이 될 테죠. 책이 필요한 사람을 추천해 봐요.

책 이름	(예) 토끼와 거북이	추천하고 싶은 사람	(예) 자신의 실력을 자만하는 사람
추천하는 이유	(예) 항상 겸손한 자세로 노력하는 태도의 중요성을 알려 준다.		

질문 만들기 연습

같은 책에 대해 다음 2가지 질문을 만들어 보세요.

책 제목:	
상상 질문 (만약 ~라면 어떨까?)	(예) 만약 주인공의 성격이 달라지면 어떻게 될까?
생각 질문 (왜 ~일까)	(예) 왜 주인공은 그렇게 행동했을까?

책 읽고 나와 연결하기

이 책의 상황과 비슷한 경험을 한 적이 있나요?	
나와 비슷한 성격을 가진 등장인물이 있나요? 나와 반대 성격을 가진 등장인물이 있나요?	
내가 만약 주인공이라면 어떻게 행동할까요?	

생각해 볼까요?

- 책을 읽으면서 기록을 남기면 어떤 점이 좋을까요?
- 책을 한 번만 읽을 때와 여러 번 읽을 때 어떤 차이가 있을까요?
- 책 내용을 내 경험과 연결하며 읽으면 어떤 점에서 도움이 될까요?

핵심 정리

- 기록: 읽으면서 생각하고 기록하는 습관을 길러 봐요.
- 평가: 책을 평가하고 질문을 만들어 깊이 있게 이해해 봐요.
- 연결: 책의 내용을 내 경험과 연결하여 나만의 생각을 키워 봐요.

Day 24 말하기를 잘하는 방법을 알려 줄게요

먼저 고민해 볼까요?

"다른 사람에게 말할 때 어려움을 겪었던 적이 있나요?"
"친구를 설득하거나 중요한 내용을 설명할 때 어떻게 말하면 좋을까요?"

세계의 말하기 천재들

말을 잘하기로 소문난 사람들은 자신만의 말하기 비법을 가지고 있었어요. 스티브 잡스는 애플 제품을 소개할 때 정말 간단하고 명확하게 설명했어요. "이 제품은 혁신적입니다"가 아니라 "이 제품은 1000곡을 주머니에 넣고 다닐 수 있게 해줍니다."라고 구체적으로 말했죠.

오프라 윈프리는 TV 토크쇼에서 감정을 풍부하게 표현했어요. "좋네요"가 아니라 "정말 가슴이 뭉클해지네요"라고 말해서 시청자들도 함께 느낄 수 있게 했어요.

월트 디즈니는 새로운 애니메이션을 만들 때 "이 캐릭터는 진짜 사람처럼 움직여야 하고, 저 장면은 꿈속 같은 느낌이어야 해"라며 비교를 통해 다른 사람이 쉽게 이해할 수 있게 했어요.

말하기 능력을 키우는 방법

우리는 매일 주변 사람들과 많은 대화를 나눠요. 그런 대화 중에서 내 생각과 기분을 표현하는 것이 어렵다고 느껴질 때도 있어요.

하지만 우리 생각과 느낌을 말로 표현하는 건 정말 소중하고 필요한 일이에요! 다른 사람들과 더 가깝게 지내고, 나 자신을 더 잘 이해하기 위해서는 내 생각을 표현하는 연습이 꼭 필요하답니다.

❶ 생각과 느낌 말하기

내 생각과 기분을 표현하는 것은 말하기 능력을 키우는 첫걸음이에요. 무엇이 보이고 들리는지, 어떤 감정을 느끼는지 구체적으로 말해 보세요.

"운동장에서 아이들이 달리는 모습이 보이고, 웃음소리가 들려요."

"이 사과를 먹으니 새콤달콤한 맛이 느껴져요."

"나를 위해 그런 일을 해줘서 너무 감동적이야."

"넓은 초원 그림을 보니, 자유롭게 뛰어다니고 싶어요."

❷ 경험 말하기

내가 겪은 일을 다른 사람에게 설명해 보세요. 육하원칙(언제, 누가, 어디서, 무엇을, 어떻게, 왜)을 사용하면 더 쉬워요.

"오늘 쉬는 시간에(언제) 우리 반 민수와 지현이가(누가) 운동장 미끄럼틀 근처에서(어디서) 넘어져서 다쳤어요(무엇을). 축구공을 쫓아가다가 서로 부딪혀서 넘어졌거든요(어떻게). 축구공이 미끄럼틀 쪽으로 굴러가서 둘 다 동시에 달려갔기 때문이에요(왜)."

❸ 설명하는 말하기

내가 알고 있는 것을 다른 사람에게 알려주는 거예요. 2가지를 비교해서 설명하면 다른 사람이 이해하는 데 큰 도움이 된답니다.

"사자와 호랑이는 둘 다 큰 고양이과 동물이에요(공통점). 하지만 사자는 갈기가 있고 무리생활을 하는데, 호랑이는 줄무늬가 있고 혼자 생활해요(차이점)."

❹ 주장하는 말하기

내 생각을 말로 설득하는 거예요. 내 주장을 한 문장으로 말하고, 그 이유를 설명해 보세요.

1) 내가 주장하는 바를 한 문장으로 간단하게 표현해요.

"오늘 점심으로는 된장찌개를 먹었으면 좋겠어."

2) 주장하는 이유를 덧붙여요.

"근처에 맛있는 된장찌개 집이 새로 문을 열었거든. 오늘은 꼭 먹어 보고 싶어."

함께 해 보는 활동 시간

배운 내용을 돌아보는 OX 퀴즈

- 경험을 말할 때는 육하원칙을 활용하면 좋다. (　　)
- 주장할 때는 근거가 있으면 좋다. (　　)

빈칸에 알맞은 단어를 넣어 볼까요?

- 내 (　　　)을 표현하는 것은 말하기 능력을 키우는 첫걸음이에요.
- 설명할 때 두 대상을 비교하려면 (　　　)과 (　　　)을 찾아야 해요.

감정 표현 연습하기

다음 상황에서 느끼는 감정을 구체적으로 표현해 보세요.

긍정적 감정: 즐겁다, 기쁘다, 행복하다, 감동적이다, 뿌듯하다, 만족스럽다, 사랑스럽다, 놀랍다, 여유롭다, 홀가분하다, 자신 있다

부정적 감정: 슬프다, 서운하다, 안타깝다, 부끄럽다, 무섭다, 후회스럽다, 괴롭다, 피곤하다, 귀찮다, 실망스럽다, 미안하다, 막막하다

상황	내 감정 표현
친구가 내 생일을 기억해 줬을 때	(예) 너무 감동적이야. 고마워.
열심히 준비한 발표에서 실수했을 때	

피아노 대회에서 상을 받았을 때	
좋아하는 책을 잃어버렸을 때	

설명하는 말하기 연습하기

여러분이 잘 아는 두 대상을 선택해서 비교해 보세요.

(예) 사자와 호랑이 비교

- **공통점:** 둘 다 큰 고양이과 동물, 육식동물, 사냥을 함
- **차이점:** 사자는 갈기가 있고 무리생활, 호랑이는 줄무늬가 있고 혼자 생활

내가 선택한 두 대상: ______________ 와 ______________

항목	내용
공통점	
차이점	

주장하기 연습하기

우리 반이나 학교에서 바뀌었으면 하는 것을 주장해 보세요.

(예) 주장: 우리 반에서 매주 금요일마다 보드게임 시간을 가졌으면 좋겠어요.
이유1: 친구들과 더 가까워질 수 있어요.
이유2: 규칙을 지키며 협력하는 방법을 배울 수 있어요.

주장: ____________________

그렇게 주장하는 이유 2가지:

1) ____________________

2) ____________________

생각해 볼까요?

- 내 감정을 구체적으로 표현하는 것이 왜 중요할까요?
- 친구와 의견이 다를 때 어떻게 대화하면 좋을까요?
- 말하기 능력이 좋아지면 어떤 점에서 도움이 될까요?

핵심 정리

- 표현: 감정 표현을 활용해서 내 마음을 정확하게 전달해 봐요.
- 설명: 경험과 생각을 체계적으로 설명하는 연습을 해 봐요.
- 근거: 근거를 뒷받침하여 생각을 설득력 있게 말해 봐요.

Day 25

글쓰기가 어려워 고민인가요?

먼저 고민해 볼까요?

"나는 글쓰기를 할 때 어떤 점이 가장 어려운가요?"

"글을 잘 쓰면 어떤 장점이 있을까요?"

글쓰기 천재들의 비밀

전 세계에는 글쓰기로 유명한 사람들이 많아요. 이들은 어떤 습관을 가지고 있었을까요?

'헤밍웨이'는 멋진 이야기를 쓰는 소설가였어요. 이 사람은 글을 쓸 때 의자에 앉지 않고 서서 쓰는 걸 좋아했대요!

'J.K. 롤링'은 『해리포터』를 쓴 작가예요. 이 사람은 카페에서 갑자기 좋은 생각이 떠오르면 냅킨 같은 작은 종이에 얼른 적는 습관이 있었대요. 이렇게 작은 메모들이 모여서 전 세계 사람들이 좋아하는 마법 이야기가 된 거죠!

'마크 트웨인'은 재미있는 이야기를 많이 쓴 작가예요. 이 사람은 매일매일 일기를 썼대요! 하루 동안 있었던 재미있는 일이나 생각들을 모두 일기장에 적었답니다.

글쓰기 능력 키우기 방법

친구들과 수다를 떨 때는 말이 술술 나오는데, 막상 글을 쓰려고 하면 어려워하는 경우가 많아요. "무슨 말을 써야 하지?", "어떻게 시작하지?" 하며 고민하다가 하얀 종이만 멍하니 바라보곤 하죠.

하지만 글쓰기를 너무 어렵게 생각하지 않았으면 좋겠어요. 글이란 원래 말을 기록하기 위해 만들어진 거예요. 그래서 우리가 평소에 하는 말을 글로 옮긴다고 생각하면, 글쓰기가 한결 쉬워질 수 있답니다.

❶ 말 쓰기

내가 말한 내용을 녹음해서 글로 옮겨보는 방법이에요. 평소에 하는 말을 글로 옮기는 연습을 하면, 글쓰기가 한결 쉬워질 수 있답니다.

1) 떠오르는 생각을 녹음기를 켜놓고 1분 동안 자유롭게 말하기

2) 녹음한 내용을 그대로 옮겨 적기

3) "어… 음…" 같은 불필요한 부분이나 반복되는 말을 지우기

❷ 자유 글쓰기

아무런 목적 없이, 그저 내 마음이 가는 대로 자유롭게 써 보세요.

1) 주어진 단어로 문장 만들기

"학교", "친구", "놀이터" 같은 단어 3개를 무작위로 선택해서 하나의 이야기를 만들어 보세요. 예를 들어 "학교 끝나고 친구와 놀이터에서 숨바꼭질을 했다"처럼 단어들을 연결해서 문장을 만드는 거예요.

2) 사진이나 영상을 보고 설명하는 글쓰기

휴대폰이나 책에서 마음에 드는 사진을 하나 골라보세요. 그 사진 속에 무엇이 보이는지, 어떤 느낌이 드는지, 무슨 일이 일어나고 있는지 자세히 써 보세요. "사진 속에는 ________가 있고, ________한 느낌이 들어요"처럼 시작하면 쉬워요.

3) 재미있는 질문에 대한 내 생각 쓰기

"만약 외계인이 나타난다면?", "다섯 살로 돌아간다면?" 같은 상상력을 자극하는 질문을 하나 골라서 내 생각을 자유롭게 써 보세요. 정답이 없으니 마음껏 상상하며 쓰면 돼요.

❸ 따라 쓰기

다른 사람의 좋은 글을 손으로 따라 쓰면서 글쓰기 방법을 익힐 수 있어요. 위대한 작가들도 처음에는 다른 사람의 글을 따라 쓰면서 글쓰기를 배웠답니다. 글을 따라 쓸 때는 『논어』, 『목민심서』, 『명심보감』, 『사자소학』, 『채근담』 같은 유명한 책을 활용하거나, 내가 좋아하는 동화책이나 그림책 속 마음에 드는 문장을 기록하면 좋아요.

함께 해 보는 활동 시간

배운 내용을 돌아보는 OX 퀴즈

- '말 쓰기'를 할 때는 필요 없는 내용도 모두 남겨 두어야 한다. (   )
- 유명한 작가들도 처음에는 다른 사람의 글을 따라 쓰며 글쓰기를 배웠다.

  (   )

빈칸에 알맞은 단어를 넣어 볼까요?

- (   )는 내 마음이 가는 대로 자유롭게 글을 쓰는 것을 말해요.
- 좋은 글을 (   ) 쓰면서 글쓰기 방법을 익힐 수 있어요.

말 쓰기 도전하기

스마트폰이나 녹음기를 사용해서 말 쓰기에 도전해 보세요.

주제: **오늘 학교에서 있었던 일**

1단계: 1분 동안 자유롭게 말하기 (녹음)

2단계: 녹음한 내용을 그대로 적어 봅시다. (쓰기)

3단계: 필요 없는 내용을 지우고 글을 완성합시다.	반복되는 내용이 있나요?
	내가 가지고 있는 말 습관이 있나요? (예) 음… 그러니까….

따라 쓰기 연습

좋아하는 명언이나 책 속 문장을 찾아서 따라 써 보세요.

책 제목	
따라 쓴 문장	
이 문장을 고른 이유	

자유 글쓰기

아래 주어진 주제로 내 생각을 자유롭게 글로 남겨 보세요.

☐ 만약 외계인이 나타난다면?

☐ 다섯 살로 돌아간다면?

☐ 10년 뒤 나는 무엇을 하고 있을까?

☐ 이번 방학 계획 3가지

☐ 나에게 소중한 물건 3가지

☐ 친구들에게 인기를 얻는 방법

내가 고른 주제	
자유 글쓰기	

생각해 볼까요?

- 말하기와 글쓰기 중 어느 것이 더 어려운가요? 그 이유는 무엇일까요?
- 어떤 글쓰기 방법이 가장 흥미롭게 느껴지나요?
- 글쓰기 실력이 늘어나면 어떤 점이 좋을까요?

핵심 정리

- **따라 쓰기:** 좋은 글을 많이 따라 쓰면 자연스럽게 글쓰기 실력이 늘어요.
- **시작:** 완벽한 글을 쓰려고 하지 말고 일단 용기 있게 시작해 봐요.
- **글쓰기 방법:** 글쓰기에는 말 쓰기, 자유 글쓰기, 따라 쓰기 등 다양한 방법이 있어요.

6교시

공부 실력 키우기

Day 26

수학 실력을 높이는 공부법

먼저 고민해 볼까요?

"수학 문제를 많이 풀기만 하면 수학을 잘할 수 있을까요?"

"수학을 잘하려면 어떻게 공부해야 할까요?"

✦ 수학 공부에 대한 착각 ✦

"수학은 문제만 많이 풀면 잘할 수 있어!" 많은 친구들이 이렇게 생각해요. 하지만 정말 그럴까요?

축구를 잘하고 싶은 친구가 공만 차는 연습만 한다면 어떨까요? 축구 규칙도 모르고, 왜 이렇게 뛰어야 하는지도 모른 채 공만 찬다면 정말 축구를 잘하게 될까요? 아니에요.

수학도 똑같아요. "분수가 뭔지는 몰라도 계산만 할 줄 알면 돼", "공식만 외우면 문제를 풀 수 있어"라고 생각하는 것은 수학 실력에 도움이 되지 않아요.

수학 실력을 쌓는 방법

그럼 수학 실력은 어떻게 쌓을 수 있을까요? 진짜 수학 실력은 배운 내용을 정확히 이해하고, 다른 사람에게 쉽게 설명할 수 있을 때 생겨요. 또, 문제를 풀 때도 많이 푸는 것보다, 한 문제를 풀더라도 풀이 과정을 제대로 쓰는 것이 좋아요. 그럼 수학 실력을 쌓는 방법을 조금 더 자세히 알아볼까요?

❶ 배운 내용을 말로 설명하기

"분수의 덧셈은 어떻게 계산하나요?" 오늘 배운 내용을 설명할 수 있나요? 거울을 보며 혼자 설명해 보거나, 가족에게 오늘 배운 수학 내용을 가르쳐 보세요.

❷ 풀이 과정을 정확히 손으로 쓰기

"이 정도는 머릿속으로 계산할 수 있어!"라고 생각하지 않아요. 풀이 과정을 차근차근 써 가며 공부해요. 계산 후에는 문제에서 요구한 답을 썼는지 한 번 더 확인해 봐요.

❸ 수학 교과서 활용하기

교과서에는 중요한 수학 내용들이 자세히 설명되어 있어요. 교과서를 소리 내어 여러 번 읽어 보고, 예제 문제들을 꼼꼼히 따라 풀어 보세요.

교과서 문제를 혼자 힘으로 풀 수 있다면 그 개념은 확실히 이해한 거예요. 문제집보다 교과서를 먼저 완벽하게 이해하는 것이 수학 실력의 지름길이랍니다.

❹ 꾸준히 복습하기

오늘 수업 시간에 배운 내용을 그날 저녁에 바로 문제를 풀며 연습해 봐요. 그리고 일주일 후에 다시 한번 확인해 보세요. 만약 이해가 안 되는 부분이 있다면 먼저 혼자서 고민해 보고 그래도 모르겠다면, 선생님께 질문드려요. 수학 실력은 고민하는 시간만큼 쌓인다는 점 잊지 말아요.

함께 해 보는 활동 시간

배운 내용을 돌아보는 OX 퀴즈

- 수학은 문제를 많이 풀기만 하면 잘할 수 있다. (　　)
- 풀이 과정을 직접 쓰는 것보다 암산을 하는 것이 더 좋다. (　　)

빈칸에 알맞은 단어를 넣어 볼까요?

- 수학을 제대로 공부했다면 배운 내용을 (　　　)로 설명할 수 있어야 해요.
- 수학 실력은 고민하는 (　　　)만큼 성장해요.

나의 수학 공부 점검하기

아래 내용을 읽고 자신의 모습과 얼마나 비슷한지 체크해 보세요.

(항상 그렇다 ○ / 가끔 그렇다 △ / 거의 안 그렇다 X)

- 오늘 배운 수학 개념을 가족이나 친구에게 설명할 수 있나요? (   )
- 문제를 풀 때 계산 과정을 한 줄씩 정리해서 쓰나요? (   )
- 모르는 것이 있으면 부끄러워하지 않고 질문하나요? (   )
- 배운 내용을 그날 저녁이나 주말에 다시 한번 살펴보나요? (   )

○가 많을수록 수학 공부를 제대로 하고 있다고 생각해도 좋아요.

친구에게 수학 공부 조언해 주기

아래 상황에서 고민하는 친구에게 어떤 조언을 해 주면 좋을까요?

- 상황 1: 분수 계산을 자꾸 틀리는 친구

  "나는 분수 덧셈을 할 때마다 틀려. 어떻게 하면 좋을까?"

  → 친구에게 해 줄 조언: ____________________

- 상황 2: 새로운 단원이 어려워서 걱정하는 친구

  "내일부터 새로운 단원을 배우는데 벌써부터 어려울 것 같아서 걱정돼."

  → 친구에게 해 줄 조언: ____________________

- 상황 3: 수학 문제가 너무 어려워서 포기하려는 친구

  "이 문제 너무 어려워서 모르겠어. 그냥 포기할래."

  → 친구에게 해 줄 조언: ____________________

생각해 볼까요?

- 수학 개념을 말로 설명하는 것이 왜 중요할까요?
- 수학 문제를 틀렸을 때, 어떻게 해야 할까요?
- 수학 공부를 할 때 어떤 부분에서 가장 어려움을 느끼나요?

핵심 정리

- 설명: 수학 개념을 다른 사람에게 설명할 수 있어야 제대로 이해한 것이에요.
- 고민: 기초 개념부터 차근차근 쌓아 올리고, 어려워도 충분히 고민해 봐요.
- 과정: 풀이 과정을 손으로 써 가며 공부하고 꾸준히 복습해요.

보충자료

수학 개념 설명하기

많은 초등학생이 어려워하는 수학 개념을 학년별로 정리해 봤어요. 각 개념을 다른 사람에게 설명할 수 있는지 스스로 점검해 보세요. Day 26에서 배운 것처럼, 개념을 말로 설명할 수 있어야 제대로 이해한 거랍니다!

3학년

- **세 자릿수 덧셈과 뺄셈**

  덧셈과 뺄셈에서 받아올림과 받아내림은 언제, 왜 해야 할까요?
- **길이와 시간 단위 및 환산**

  1m는 몇 cm인가요? 1시간은 몇 분인가요? 길이 단위와 시간 단위를 환산하는 방법은 어떻게 다른가요?
- **곱셈**

  곱셈은 '똑같은 숫자를 여러 번 더하는 것'과 같아요. 이 말이 무슨 뜻인지 예를 들어 설명할 수 있나요?
- **나눗셈**

  나눗셈은 '똑같이 나누는 것'과 '몇 묶음이 나오는지 세는 것'의 2가지 방법이 있습니다. 이 둘을 구분하여 설명할 수 있나요?
- **분수**

  분수는 무엇이고, 어떤 상황에서 사용하나요?
- **소수**

  소수는 무엇이고, 어떤 상황에서 사용하나요? 또 분수와는 어떤 관계가 있나요?

4학년

- **사각형**

  사각형에는 직사각형, 평행사변형, 마름모 등 이름이 많습니다. 각각의 사각형을 어떻게 구분하나요?

- **수직과 평행**

  '수직'과 '평행'은 무엇인가요? 주변에서 예를 찾을 수 있나요?

5학년

- **약수와 배수**

  약수와 배수는 무엇일까요?

  약수와 배수를 이용해서 최대공약수와 최소공배수를 구하는 과정을 설명할 수 있나요?

- **분수의 덧셈과 뺄셈**

  분모가 다른 분수끼리 더하거나 뺄 때는 '통분'을 해야 합니다. 통분을 왜 해야 할까요?

- **분수의 곱셈**

  자연수끼리 곱하면 숫자가 점점 커집니다. 그런데 분수를 곱하면 꼭 숫자가 커지는 것이 아니며, 오히려 작아질 수도 있습니다. 구체적인 예를 들 수 있나요?

- **소수의 곱셈**

  소수를 곱할 때, 소수점을 어디에 찍어야 할지 헷갈릴 때가 많습니다. 소수점 위치를 정확히 정하는 방법을 설명할 수 있을까요?

- **다각형의 둘레와 넓이**

  사각형과 삼각형의 '둘레'와 '넓이'는 무엇을 뜻하며, 서로 어떤 점이 다를까요? 예를 들어 설명해 보세요.

- **합동과 대칭**

'합동'은 똑같이 포개지는 것이고, '대칭'은 거울에 비춘 것처럼 똑같은 것입니다. 이 둘을 구체적인 예를 들어서 설명할 수 있나요?

- **평균**

평균은 여러 수가 있을 때 대표하는 수를 구하는 과정입니다. 평균을 구하는 방법을 설명할 수 있나요?

- **비와 비율**

'비'는 두 숫자의 관계를, '비율'은 그 관계를 숫자로 나타낸 것입니다. 비와 비율을 구체적인 예를 들어서 설명할 수 있나요?

6학년

- **분수의 나눗셈**

분수의 나눗셈을 할 때는 '나눗셈을 곱셈으로 바꾸고 뒤에 있는 분수를 뒤집어요'. 왜 이렇게 계산하는지, 이 방법을 어떻게 사용하는지 설명할 수 있나요?

- **원의 넓이**

원의 넓이를 구할 때는 '원주율(π, 3.14159…)'이라는 특별한 숫자를 사용합니다. 원주율이 무엇인지, 그리고 원주율을 활용해서 원의 넓이를 어떻게 구하는지 설명할 수 있나요?

- **공간과 입체**

상자나 공처럼 입체 도형을 종이에 어떻게 그릴 수 있을까요?

- **그래프**

교과서에는 막대그래프, 꺾은선 그래프, 띠그래프 등 여러 가지 그래프가 있습니다. 각 그래프가 언제 사용되는지, 무엇을 보여주는지 설명할 수 있나요?

Day 27

수학 자신감을 높여주는 문제 풀이 방법

먼저 고민해 볼까요?

"나는 모르는 수학 문제를 만나면 어떻게 하나요?"
"수학 문제를 잘 풀기 위해서는 어떤 자세가 필요할까요?"

✦ 수학을 잘하는 친구들의 비밀 ✦

수학을 잘하는 친구들을 보면 공통점이 있어요.

첫째, 문제를 만나면 바로 풀지 않고 잠시 고민해요. 문제를 천천히 읽으며 "이 문제에서 무엇을 구하라고 하지?"라고 생각해요.

둘째, 어려운 문제를 만나도 쉽게 포기하지 않아요. "이 문제를 풀려면 어떤 방법을 써야 할까?" 하며 다양한 풀이 방법을 떠올려요.

셋째, 계산하기 전에 "정답이 대략 얼마 정도 될까?"라고 예상해 봐요. 그래야 풀이 방법도 더 잘 떠오르고, 실수를 해도 쉽게 알아차릴 수 있어요.

수학 문제를 더 잘 해결하는 방법

“아! 이 문제 풀 줄 아는데 왜 틀렸지?”라고 후회한 적 있나요? 많은 친구들이 수학 개념은 알고 있지만 문제를 푸는 과정에서 실수를 해요. 여기에서는 그런 실수를 줄이고, 문제를 더 잘 해결하기 위한 방법을 알아볼게요.

❶ 문제를 정확히 읽고 이해하기

바로 계산하지 말고, 문제를 한두 번 꼼꼼히 살펴봐요. 중요한 정보에는 밑줄을 긋고, 구해야 할 것에는 네모 표시(□)를 해 보세요. 그래도 이해가 잘 안된다면 소리 내어 한번 읽어 보세요.

❷ 쉬운 문제부터 차근차근

문제집을 풀 때는 기본 문제부터 시작하세요. 기본 문제를 충분히 다 익히고, 응용문제 순서로 나아가면 자연스럽게 실력이 늘어요.

❸ 모르는 문제는 표시하고 일단 넘어가기

시험 중에 모르는 문제를 만나면 별 모양(☆) 표시를 하고 일단 넘어가세요. 아는 문제부터 먼저 해결하는 것이 좋아요. 내가 풀 수 있는 문제만 실수 없이 제대로 해결하면 충분해요!

❹ 충분히 고민하기

“정답이 대략 어느 정도 될까?”, “비슷한 문제를 풀어본 적이 있나?”, “어떤 개념을 활용해야 할까?” 먼저 생각해 보세요. 충분히 생각하는 시간이 쌓이면, 문제 풀이 실력이 높아진답니다.

❺ 답을 구한 후 꼭 확인하기

“내가 예상했던 정답과 비슷한가?” “혹시 단위는 빼먹지 않았나?” 고민하며 답을 다시 확인해 보세요.

함께 해 보는 활동 시간

배운 내용을 돌아보는 OX 퀴즈

- 시험 중에 모르는 문제를 만나면 별 모양(☆) 표시를 하고, 아는 문제부터 먼저 해결하는 것이 좋다. (　　)
- 문제를 풀기 전에 정답을 예상해 보는 것이 도움이 된다. (　　)

빈칸에 알맞은 단어를 넣어 볼까요?

- (　　　)를 정확히 읽고, 무엇을 구해야 하는지 먼저 고민해 봐요.
- (　　　)을 충분히 가지면, 문제 풀이 실력이 쌓입니다.

나의 문제집 풀이 습관 점검하기

다음 상황에서 나는 어떻게 하는지 체크해 보세요.

문제를 만나면	(　　) 바로 계산한다. (　　) 2~3번 꼼꼼히 훑어본다.
계산 전에	(　　) 풀이 방법을 추측해 본다. (　　) 바로 계산을 시작한다. (　　) 비슷한 문제를 떠올려 본다.
답을 구한 뒤	(　　) 바로 다음 문제로 넘어간다. (　　) 정답이 맞는지 한 번 더 확인한다. (　　) 단위가 맞는지 확인한다.

내가 자주하는 문제 풀이 실수

나는 어떤 실수를 주로 하는지, 그 실수를 어떻게 예방할 수 있는지 알아볼까요?

문제 풀이 실수	어떻게 예방할까요?
문제를 잘못 읽는 실수	문제를 3번 이상 읽기, 중요한 부분에 밑줄 표시하고 구할 것에 네모 표시하기
계산을 잘못한 실수	암산하지 않고 손으로 차근차근 직접 쓰기 계산 전에 정답 예상해 보기
단위를 적지 않는 실수	답을 쓸 때 단위가 있는지 한 번 더 확인하기

- 내가 자주하는 실수 ____________________
- 그 실수를 어떻게 예방할 수 있을까요? ____________________

나만의 수학 시험 준비 계획 세우기

내가 수학 시험을 준비할 때 사용할 방법을 선택해 보세요.

문제 풀이 순서	□ 어려운 문제부터 먼저 도전한다. □ 쉬운 기본 문제부터 차근차근 풀어본다.
모르는 문제 대처법	□ 모르는 문제는 끝까지 붙잡고 고민한다. □ 모르는 문제는 별표하고 넘어간 다음 나중에 다시 푼다.
계산 실수 확인 방법	□ 계산 실수는 나중에 확인한다. □ 풀이 과정마다 바로바로 검산한다.
문제 읽기 방법	□ 문제를 빨리 읽고, 문제를 바로 해결하는 것에 집중한다. □ 문제를 천천히 읽고 정확히 이해한 후 푼다.

생각해 볼까요?

- 모르는 문제를 만났을 때 정답지를 바로 보면 실력이 쌓이지 않는 이유가 무엇일까요?
- 나는 계산 실수를 자주 하는 편인가요? 만약 실수를 많이 한다면, 어떻게 해야 할까요?
- 어려운 수학 문제를 포기하지 않고 끝까지 풀어본 경험이 있나요? 그때 어떤 기분이었나요?

핵심 정리

- 계획: 문제를 정확히 읽고 풀이 방법을 먼저 계획해요.
- 차근차근: 쉬운 문제부터 차근차근, 모르는 문제는 나중에 도전해요.
- 다시 확인하기: 답을 구한 후에는 반드시 검산하고 단위를 확인해요.

Day 28

사회는 어떻게 공부해야 할까요?

먼저 고민해 볼까요?

"사회 시간에 무엇을 배웠나요?"
"사회 시간에 배운 내용을 일상생활과 연결해 본 경험이 있나요?"

✦ 사회 공부를 해야 하는 이유 ✦

길을 가다 보면 도로와 신호등을 쉽게 만날 수 있죠? 너무나 당연하게 느껴지는 이 2가지가 사실은 우리 사회를 안전하고 편리하게 해주는 것들이랍니다.

도로는 트럭이 물건을 나르고, 대중교통 버스가 수많은 사람들을 원하는 곳으로 갈 수 있도록 도와줍니다. 신호등은 어떨까요? 3가지 불빛들이 자동차와 사람들에게 신호를 줘서 우리 모두가 안전하게 도로를 다닐 수 있도록 도와줍니다.

도로와 신호등처럼 우리 주변에는 보이지 않는 수많은 규칙과 약속이 존재해요. 이러한 것들이 잘 지켜지고 작동할 때, 우리는 안전하고 편리한 세상을 살 수 있어요. 사회 공부는 이렇게 우리가 사는 세상에 어떤 약속이 있는지 배우는 과목이랍니다.

사회를 공부하는 방법

그렇다면 사회를 어떻게 공부하면 좋을까요? 사회는 우리가 살아가는 세상에 대한 모든 이야기를 담고 있는 과목이에요. 그래서 외워야 할 것도 많고, 처음 보는 어려운 단어들도 많이 나와요. 하지만 걱정하지 마세요!

사회 공부를 잘하는 특별한 비법이 있답니다. 교과서에 등장하는 단어와 자료를 읽는 방법을 익히고, 과거와 현재를 연결해서 생각하는 거예요. 이런 방법을 알고 있다면, 사회 공부를 더 쉽게 할 수 있답니다.

❶ 모르는 어휘 정리하기

사회 교과서에는 익숙하지 않은 어휘들이 많이 나와요. 모르는 어휘가 나오면 그냥 넘어가지 말고 뜻을 알아보세요. 그 어휘를 활용한 나만의 문장을 만들어 보면 큰 도움이 될 거예요.

❷ 자료 살펴보기

교과서를 읽을 때는 글만 보지 말고 사진, 그림, 지도, 그래프 같은 자료를 자세히 살펴봐요. "이 사진은 무엇을 보여주는 걸까?", "이 그래프에서 무엇을 알 수 있을까?" 하고 스스로 질문해 보세요. 자료 하나

하나가 교과서 내용을 더 쉽게 이해하도록 도와주는 힌트랍니다.

❸ 순서대로 정리하기

옛날 이야기를 배울 때는 시간 순서대로 정리해 보세요.
예를 들어 "세종대왕이 한글을 만들었어요 → 백성들이 글을 배우기 쉬워졌어요 → 더 많은 사람이 책을 읽고 쓸 수 있게 되었어요 → 우리 문화가 발전했어요"처럼 하나의 일이 어떻게 다음 일로 이어지는지 순서대로 정리하면 역사의 흐름을 쉽게 이해할 수 있답니다.

❹ 우리 삶과 연결하기

교과서에서 배운 내용을 내가 살고 있는 곳에서 찾아봐요. 교과서에서 전통 음식을 배웠다면 우리 집에서 먹는 전통 음식은 무엇인지 생각해 보는 거예요.

❺ 여러 사람의 입장에서 생각해 보기

하나의 문제를 여러 사람의 입장에서 생각해 보세요. "이 사람은 어떻게 생각할까?", "저 사람은 어떻게 생각할까?" 또는 "나라면 어땠을까?" 하고 말이죠.

함께 해 보는 활동 시간

배운 내용을 돌아보는 OX 퀴즈

- 사회 교과서에 등장하는 그림과 사진은 별로 중요하지 않다. (   )
- 교과서에서 배운 내용을 우리 주변에 적용해 보면 도움이 된다. (   )

빈칸에 알맞은 단어를 넣어 볼까요?

- 옛날에 있었던 일을 살펴볼 때는 (   ) 순서대로 정리해 봐요.
- 하나의 문제를 여러 사람의 (   )에서 생각해 보세요.

모르는 어휘 정리하기

아래 표를 채워 보며 사회 교과서의 익숙하지 않은 어휘들을 정리해 보세요.

모르는 단어	뜻	나만의 문장
전통	예전부터 이어져 온 것	우리 마을의 전통은 추석에 함께 송편을 만드는 것이다.

여러 사람의 입장에서 생각해 보기

하나의 상황을 다양한 입장에서 생각해 볼까요?

학교 운동장 한쪽에 있던 모래놀이터를 없애고 그 자리에 새로운 농구장을 만들기로 했습니다. 농구장은 고학년들이 체육 시간과 쉬는 시간에 사용할 예정입니다. 하지만 저학년 아이들은 더 이상 모래놀이를 할 수 없게 되었습니다.

학교 근처에 살고 있는 주민들	(예) 농구공 소리가 시끄러울 것 같아 걱정돼요.
고학년 학생들	(예) 드디어 농구를 마음껏 할 수 있어서 좋아요!
저학년 학생들	
체육 선생님	

사회 공부를 하면서 궁금한 점을 써 보기

내가 사는 장소에 대한 궁금한 점	(예) 우리 지역에만 있는 특별한 것이 있을까?
자연과 사람들의 생활에 대한 궁금한 점	(예) 더운 지역과 추운 지역에 사는 사람들의 삶은 어떻게 다를까?
사람들이 함께 사는 것에 대한 궁금한 점	(예) 사람들이 싸우지 않고 사이좋게 지내려면 어떻게 살아야 할까?
옛날 사람들의 생활에 대해 궁금한 점	(예) 옛날 사람들과 오늘날 사람들의 삶은 어떻게 다를까?

생각해 볼까요?

- 왜 사회 교과서에는 다양한 자료(지도, 그래프, 사진)가 등장할까요?
- 역사를 배우는 것은 지금의 나에게 어떤 도움이 될까요?
- 우리 사회가 겪고 있는 문제를 해결하기 위해 우리가 할 수 있는 일은 무엇일까요?

핵심 정리

- 어휘: 익숙하지 않은 어휘가 등장하면 뜻을 먼저 찾아봐요.
- 자료: 교과서에 등장하는 여러 자료를 살펴보며 어떤 내용을 담고 있는지 고민해 봐요.
- 연결: 교과서 내용을 현실과 연결하며 다양한 관점으로 생각해요.

Day 29

과학을 어떻게 공부해야 할까요?

먼저 고민해 볼까요?

"나는 일상생활에서 "왜 그럴까?" 질문해 본 적이 있나요?"

"과학은 왜 배워야 할까요?"

✦ 과학 공부를 해야 하는 이유 ✦

어느 날 아침, 여러분이 좋아하는 화분의 꽃이 시들어 있다면 어떨까요? 어제까지 싱싱했던 꽃이 갑자기 고개를 숙이고 있다면 어떤 기분이 들까요?

"물을 주지 않아서 그런가?", "햇빛이 부족해서 그런가?", "벌레가 생겨서 그런가?" 여러 가지 궁금증이 마음속에 떠오를 거예요.

바로 이 순간이 과학이 시작되는 순간이에요! 궁금한 마음으로 꽃을 자세히 관찰하고, 여러 가지 방법을 시도해 보며, 어떤 방법이 효과가 있는지 확인해 보는 것 말이에요.

과학은 우리 주변에서 일어나는 모든 신기한 일들에 대한 답을 찾아가는 모험이에요. 왜 하늘이 파란색인지, 새는 왜 날 수 있는지, 자석이

철을 왜 끌어당기는지…. 이런 궁금증들을 하나씩 풀어나가는 거죠.

과학을 공부하는 방법

'과학'이라는 단어를 보면 무엇이 떠오르나요? 어려운 실험? 복잡한 공식? 사실 과학은 우리 생활과 아주 가까이 있어요. 아침에 눈을 뜨는 순간부터 밤에 잠들 때까지, 우리 주변에는 신기한 과학 현상들이 가득해요.

과학 공부의 가장 중요한 것은 바로 '호기심'이에요. "왜 그럴까?", "어떻게 될까?" 같은 질문을 많이 하고, 직접 관찰하고 실험해 보는 거죠.

❶ 호기심을 갖고 질문하기

호기심을 질문으로 연결해 봐요. "하늘은 왜 파란색일까?", "새는 어떻게 날 수 있을까?", "자석은 철을 왜 끌어당길까?" 같은 질문들을 많이 하고, 답을 찾기 위해 노력해 보세요.

❷ 오감을 활용해 관찰하기

과학에서 관찰은 빼놓을 수 없지요. 실험을 할 때나 자연을 볼 때는 눈으로 보는 것뿐만 아니라 귀로 듣고, 코로 냄새 맡고, 손으로 만져 보세요. 예를 들어 식물을 관찰할 때 잎의 색깔뿐만 아니라 잎맥의 모양, 표면의 느낌까지 자세히 살펴보는 거예요. 이렇게 오감을 활용하면 더 많은 것을 발견할 수 있답니다.

❸ 생활 속 과학 현상 찾기

과학은 실험실에만 있는 것이 아니에요. 계란프라이를 하면 투명했던 흰자가 하얗게 변하는 것, 비누로 손을 씻으면 거품이 생기고, 비 온 뒤에는 무지개가 나타나는 것 모두가 과학 현상이랍니다.

❹ 과학 용어에 친숙해지기

과학 교과서에 등장하는 '증발', '응결', '광합성', '중력' 같은 용어들이 어렵게 느껴질 수 있지만, 과학 현상을 정확히 설명하는 데 꼭 필요한 말들이에요. 과학 실력을 쌓고 싶다면 나만의 과학 단어장을 만들면 좋아요.

함께 해 보는 활동 시간

배운 내용을 돌아보는 OX 퀴즈

- 과학의 시작은 "왜 그럴까?"라는 호기심이다. (　　)
- 과학 현상은 실험실에서만 일어난다. (　　)

빈칸에 알맞은 단어를 넣어 볼까요?

- 과학은 현상을 보는 것뿐만 아니라 그렇게 되는 (　　)를 생각해 보는 게 중요해요.
- 과학 용어는 조금 어렵지만, 과학 현상을 정확히 (　　)하는 데 꼭 필요해요.

과학 현상 탐정하기

생활 속에서 여러 과학 현상을 찾고 질문을 만들어 볼까요?

장소	궁금한 질문
부엌	(예) 냉장고 안은 왜 차가울까?
화장실	(예) 거울에 김이 왜 서릴까?
거실	(예) TV리모컨은 어떻게 작동할까?
교실	(예) 분필은 어떻게 만들까?

나만의 과학 단어장

과학 시간에 배운 어려운 단어들은 이렇게 정리해 봐요.

단어	증발
교과서 뜻	액체인 물이 표면에서 기체인 수증기로 변하는 것
내가 만든 뜻	물이 수증기로 변하는 것
생활 속 예시	젖은 빨래가 마르는 것
그림으로 표현	

감각 활용하여 관찰하기

계란을 삶을 때 일어나는 변화를 관찰해 봐요.

(위험할 수 있으니 꼭 어른들과 함께 실험합시다.)

눈으로 관찰하기	삶기 전과 후 계란의 모습은 어떻게 달라지나요? 물이 점점 끓으면서 모습이 어떻게 달라지나요?
귀로 관찰하기	물이 끓을 때 어떤 소리가 나나요? 삶은 계란을 깨뜨릴 때 어떤 소리가 나나요?
코로 관찰하기	삶은 계란에서는 어떤 냄새가 나나요? 계란을 삶을 때 수증기에서 어떤 냄새가 나나요?
손으로 관찰하기	날계란을 만지면 어떤 느낌이 드나요? 막 물에서 꺼낸 삶은 계란을 만지면 어떤가요? (안전에 유의하기)

생각해 볼까요?

- 과학을 공부하는 것이 우리 생활에 어떤 도움이 될까요?
- 실험에서 예상과 다른 결과가 나왔을 때 어떻게 해야 할까요?
- 과학이 발전하면서 우리의 삶은 어떻게 달라졌나요?

핵심 정리

- 호기심: 과학은 "왜 그럴까?"라는 호기심에서 시작해요.
- 기록: 과학 실험과 관찰에 적극적으로 참여하고 꼼꼼히 기록해요.
- 생활: 일상에서 과학 현상을 찾아보고 원리를 이해해요.

Day 30

나에게 맞는 학습 도구를 찾아보자

먼저 고민해 볼까요?

"내 가방 속에는 어떤 학습 도구가 있나요?"
"학습 도구를 잘 활용하면 어떤 점이 좋을까요?"

요리도구와 학습 도구의 공통점

요리할 때 적절한 도구를 사용하면 놀라운 일이 일어나요. 손으로 반죽을 하면 30분이 걸리지만 전기 믹서를 쓰면 5분이면 끝나죠. 감자를 칼로 하나씩 까려면 오랜 시간이 걸리지만 감자 껍질 벗기는 도구를 사용하면 순식간에 끝낼 수 있어요.

학습에서도 마찬가지예요. 영어 단어를 공책에 반복해서 쓰는 것보다 암기 카드를 사용하면 더 효과적으로 외울 수 있어요. 중요한 내용을 그냥 외우려고 하는 것보다 포스트잇에 적어서 눈에 잘 보이는 곳에 붙여두면 자주 확인할 수 있어서 더 잘 기억할 수 있죠.

요리든 공부든, 목적에 맞는 도구를 선택해서 사용하면 같은 시간과 노력으로도 훨씬 더 좋은 결과를 얻을 수 있어요.

학습 도구 알아보기

여러분은 공부할 때 어떤 도구들을 사용하고 있나요? 연필과 공책만 있으면 될까요? 아니면 컴퓨터나 태블릿 같은 최신 기기가 있어야 할까요?

공부를 잘하는 학생들에게는 특별한 비밀이 있어요. 바로 상황에 맞는 학습 도구를 잘 선택해서 사용한다는 것입니다. 어떤 때는 손으로 직접 쓰는 것이 더 효과적이고, 어떤 때는 디지털 기기를 활용하는 것이 더 좋아요. 오늘은 여러분만의 학습 도구상자를 찾아서, 공부를 더 효과적으로 하는 방법을 알려 줄게요.

❶ 정보 수집 도구

모르는 것을 알아보고 새로운 것을 배우는 데 활용되는 도구들이에요.

책	여러 종류의 책을 읽으면 많은 것을 배울 수 있어요. 매일 조금씩이라도 책을 읽는 습관을 만들어 보세요.
유튜브	어려운 내용을 영상으로 보면 더 잘 이해할 수 있어요. 공부와 관련된 영상을 보고 중요한 내용은 따로 적어 두세요.
인터넷	궁금한 것을 빠르게 찾아볼 수 있어요. 여러 사이트에서 찾아본 내용을 비교해 보세요.
인공지능	질문하면 바로바로 답을 알려 줘요. 이해하기 어려운 것이 있으면 더 쉽게 설명해 달라고 말할 수 있어요. 하지만 인공지능이 알려준 내용이 항상 정확한 것은 아니므로 여러 자료와 비교해 보는 것이 중요해요.

❷ 정리 도구

공부한 내용을 적어 두고 차례대로 정리하는 도구들이에요.

학습 파일 (폴더)	공부 자료를 차례대로 정리해요. 과목별로 나누어서 프린트, 노트, 시험지를 정리하면 필요할 때 쉽게 찾을 수 있어요.
공부 일기장	매일 무엇을 배웠는지 적어 보고, 어떤 점이 어려웠는지 생각해 봐요. 그러면 다음에 더 잘할 수 있어요.
실수노트	문제를 풀다가 자주 틀리는 것들을 모아 둬요. 실수노트를 자주 보면 같은 실수를 줄일 수 있어요.

❸ 표현 도구

어려운 내용을 그림이나 표로 그려서 더 쉽게 이해할 수 있게 도와주는 도구들이에요.

칠판/ 화이트보드	넓은 곳에 내용을 크게 적을 수 있어요. 중요한 내용을 적어 보거나 다른 사람에게 설명하는 연습을 해 보세요.
필기도구	나만의 방법으로 여러 색깔의 펜을 활용해 내용을 적어요. 특히, 중요한 것은 강조할 수 있는 색으로 써 보세요.
포스트잇	중요한 내용을 눈에 잘 보이게 붙여 둬요. 중요한 공식이나 단어를 적어서 교과서, 책상, 벽에 붙여 두고 자주 보세요.

❹ 복습 도구

배운 내용을 반복해서 연습하고 오래 기억할 수 있게 도와주는 도구들이에요.

암기 카드	중요한 내용이나 단어를 쉽게 외울 수 있어요. 카드 앞면에 질문, 뒷면에 답을 적어서 반복해서 보세요.
문제집	여러 유형의 문제를 풀면서 실력을 키워요. 배운 내용을 복습한 후 관련 문제를 풀고, 틀린 문제는 바로 답을 보지 말고 다시 한번 생각해 보세요.

❺ 계획 도구

공부 시간을 잘 관리하고 계획을 세워서 실천할 수 있게 도와주는 도구들이에요.

타이머	집중해서 공부하는 시간을 잘 관리해요. 25분 공부하고 5분 쉬는 방식으로 하면 집중력을 오래 유지할 수 있어요.
체크리스트	해야 할 공부를 목록으로 만들어요. 하나씩 끝낼 때마다 체크하면서 얼마나 했는지 확인할 수 있어요.
학습 계획표	언제 무엇을 공부할지 미리 계획을 세워요. 하루, 일주일, 한 달 계획을 세우고 끝낼 때마다 체크해 보세요.

함께 해 보는 활동 시간

배운 내용을 돌아보는 OX 퀴즈

- 인터넷에서 정보를 찾을 때는 여러 곳의 내용을 비교해 보는 것이 좋다. (　　)
- 문제집을 풀 때는 정답을 바로바로 확인하면서 최대한 많은 문제를 만나는 것이 좋다. (　　)

빈칸에 알맞은 단어를 넣어 볼까요?

- (　　　)에 맞는 학습 도구를 잘 선택하면 공부를 더 효과적으로 할 수 있어요.
- 암기 도구는 매일 조금씩이라도 (　　　) 사용하는 것이 중요해요.

내가 사용하는 학습 도구

학습 도구의 종류별로 내가 현재 사용하고 있는 도구에 ✔표시해 보세요.

- 정보 수집 도구: □ 독서 □ 유튜브 □ 인터넷 □ 인공지능
- 정리 도구: □ 학습 파일 □ 공부 일기장 □ 실수 공책
- 표현 도구: □ 칠판/화이트보드 □ 필기도구 □ 포스트잇
- 복습 도구: □ 암기 카드 □ 문제집
- 계획 도구: □ 타이머 □ 체크리스트 □ 학습 계획표

- 내가 자주 사용하는 도구는 무엇인가요? ______________________
- 앞으로 사용해 보고 싶은 도구는 무엇인가요? ______________________

어려움에 처한 친구 도와주기

친구들이 이런 고민을 한다면 어떤 학습 도구를 추천해 주면 좋을까요?

- 친구 A: "책을 읽어도 무슨 내용인지 기억이 안 나."

  내 추천: ______________________

- 친구 B: "숙제가 너무 많아서 언제까지 해야 할지 모르겠어."

  내 추천: ______________________

- 친구 C: "사회 시간에 배운 내용들이 너무 복잡해서 헷갈려."

  내 추천: ______________________

- 친구 D: "영어 단어를 외워도 자꾸 까먹어."

  내 추천: ______________________

- 친구 E: "과학 실험 결과를 어떻게 정리해야 할지 모르겠어."

  내 추천: ______________________

✎ 디지털 vs 아날로그 도구 대결

같은 기능을 하는 디지털 도구와 아날로그 도구 중 어느 것을 선택할지 ✔표시해 보세요.

- **정보 찾기:** □ 인터넷 검색 vs □ 사전/백과사전

  그렇게 선택한 이유는 무엇인가요? ____________________

- **단어 암기:** □ 학습 앱 vs □ 암기 카드

  그렇게 선택한 이유는 무엇인가요? ____________________

- **시간 관리:** □ 디지털 타이머 vs □ 모래시계

  그렇게 선택한 이유는 무엇인가요? ____________________

생각해 볼까요?

- 어떤 상황에서 디지털 도구를 사용하고, 어떤 상황에서 아날로그 도구를 사용하는 것이 좋을까요?
- 미래에는 어떤 새로운 기능의 학습 도구들이 등장할까요?
- 새로운 학습 도구를 처음 사용할 때 어떻게 하면 잘 활용할 수 있을까요?

핵심 정리

- 학습 도구의 종류: 학습 도구는 용도에 따라 정보 수집, 정리, 표현, 복습, 계획 도구로 나뉘어요.
- 선택: 여러 학습 도구를 사용하며 나에게 가장 잘 맞는 도구를 선택해요.
- 활용: 효과적인 학습을 위해 도구를 잘 활용하는 것이 중요해요.

마무리

내 실력을 더 키워주는 6가지 활동

3-2-1 총정리

지난 30일 동안의 트레이닝을 통해 우리는 정말 많은 것들을 배웠어요. 너무 많은 것을 배워서 모두 기억하기 어려울 수도 있어요.
이럴 때 필요한 것이 바로 3-2-1 총정리예요! 배운 것 중에서 가장 중요한 것 3가지, 가장 재미있었던 것 2가지, 더 배우고 싶은 것 1가지만 뽑아 보는 거예요. 모든 내용을 기억하는 것보다 나에게 의미 있는 것을 제대로 기억하는 것이 더 좋을 수 있거든요.

STEP 1. 배운 내용 돌아보기

30일 동안 배운 내용을 기억나는 만큼 적어 볼까요?

(예시) 친구에게 사과하는 방법, 질문을 만드는 방법, 수학 문제를 잘 푸는 방법

STEP 2. 중요한 것 3가지 고르기

이 중에서 중요하다고 생각하는 것 3가지를 적어 봅시다.

중요하다고 생각하는 것 3가지	왜 그렇게 생각하나요?

STEP 3. 재미있었던 것 2가지 고르기

재미있었던 것 2가지를 적어 봅시다.

재미있었던 것 2가지	왜 그렇게 생각하나요?

STEP 4. 더 자세히 배우고 싶은 것 1가지 고르기

더 자세히 배우고 싶은 것 1가지를 적어 봅시다.

더 자세히 배우고 싶은 것 1가지	왜 그렇게 생각하나요?

얼마나 성장했을까?

30일 전의 나와 지금의 나! 과연 얼마나 달라졌을까요? 분명 많은 것이 달라졌겠지만, 구체적으로 '난 이게 달라졌어.'라고 말하기는 어려울 거예요.
이럴 때 활용하면 좋은 방법을 소개할게요. 바로 '성장 점수표'입니다. 성장 점수표는 내가 얼마나 자랐는지를 알아보는 방법이에요. 생각보다 많이 자란 분야, 혹은 아직 더 노력이 필요한 분야도 발견할 수 있답니다.

STEP 1. 배운 내용 돌아보기

각 교시별로 배웠던 내용을 되돌아 볼까요?

Part 1: 튼튼한 마음 근육을 키우는 10일

1교시(마음 다지기)에는 나를 믿는 힘이 어디에서 나오는지, 나는 어떤 사람인지, 좋은 습관 만드는 방법, 내 마음속 감정 알아차리기, 새로운 시작의 두려움을 극복하는 방법을 배웠어요.
2교시(마음 키우기)에는 친구 관계를 지키는 방법, 약속과 사과의 중요성, 포기하지 않고 도전하는 마음, 친구들에게 믿음을 받는 방법, 상대를 배려하는 따뜻한 마음을 키우는 방법을 배웠어요.

Part 2: 똑똑한 공부 습관을 만드는 10일

3교시(공부 습관 다지기)에는 생각 함정에서 벗어나는 법, 효율적으로 공부하는 방법, 내 집중을 막는 방해꾼 제거하기, 꾸준한 도전으로 실력 키우기, 완벽보다 중요한 시작하는 마음을 배웠어요.

4교시(공부 습관 키우기)에는 수업 시간에 집중을 더 잘하는 방법, 복습의 중요성과 방법, 24시간을 알차게 보내는 시간 관리법, 기억력을 좋게 만드는 방법, 계획 전문가가 되는 방법을 배웠어요.

Part 3: 단단한 공부 실력을 완성하는 10일

5교시(공부 실력 다지기)에는 책 읽기 전 준비 운동, 다양한 책 읽기 방법, 책 내용을 더 잘 이해하는 방법, 말하기를 잘하는 방법, 글쓰기 실력을 키우는 방법을 배웠어요.

6교시(공부 실력 키우기)에는 수학 공부법과 문제 풀이 전략, 사회 공부법, 과학 공부법, 나에게 맞는 학습 도구 찾기를 배웠어요.

STEP 2. 성장 점수표

먼저 '30일 전'의 나를 떠올려 보세요. 트레이닝을 시작하기 전에 나는 어땠나요? 다음의 표에 솔직하게 점수를 매겨 보세요. 그다음 '지금'의 나는 어떤가요? 30일 동안 배우고 성장한 지금의 모습을 점수로 표현해 보세요. 0점에 가까울수록 부족한 점이 많은 것이고, 10점에 가까울수록 잘하는 것입니다.

교시	30일 전	지금
1교시 마음 다지기	/10점	/10점
2교시 마음 키우기	/10점	/10점
3교시 공부 습관 다지기	/10점	/10점
4교시 공부 습관 키우기	/10점	/10점
5교시 공부 실력 다지기	/10점	/10점
6교시 공부 실력 키우기	/10점	/10점

STEP 3. 성장 돌아보기

1) 30일 전과 비교하여 나는 어떤 부분에서 가장 많이 성장했나요?

2) 앞으로 어떤 부분에서 더 성장하고 싶나요?

(예) 공부 습관 다지기

3) 앞으로 어떤 노력을 해야 할까요? 구체적으로 적어 보세요.

(예) 매일 30분씩 책을 읽는다.

세 번째 활동

마음 어휘

30일 동안 여러분의 마음은 다양한 감정들을 경험했을 거예요. 기쁠 때도 있었고, 힘들 때도 있었고, 놀랄 때도 있었고, 뿌듯할 때도 있었을 거예요.
하지만 그 감정들을 정확한 말로 표현하는 것은 쉽지 않아요. "기분이 좋아"라고 말하지만, 조금 더 자세히 살펴보면 '뿌듯한' 것일 수도 있고, '재미있었던' 것일 수도 있거든요.
감정을 정확한 말로 표현할 수 있게 되면, 내 마음을 더 잘 이해할 수 있어요. 그리고 다른 사람의 마음도 더 잘 알아차릴 수 있게 되지요. 무엇보다 공부할 때 느끼는 다양한 감정들을 알아차리면, 더 효과적으로 공부할 수 있답니다.

STEP 1. 마음 어휘 고르기

아래에 있는 마음 어휘 중에서 30일 동안 느꼈던 감정을 모두 찾아 ✓표시해 보세요. 여러 개를 선택해도 괜찮아요!

[긍정적인 감정]

□ 행복하다	□ 뿌듯하다	□ 신나다	□ 감동적이다
□ 즐겁다	□ 만족스럽다	□ 자랑스럽다	□ 기쁘다
□ 설레다	□ 신기하다	□ 놀랍다	□ 감사하다
□ 든든하다	□ 자신있다	□ 희망적이다	□ 편안하다
□ 상쾌하다	□ 따뜻하다	□ 재미있다	□ 흥미롭다

[힘들거나 불편한 감정]

☐ 힘들다	☐ 피곤하다	☐ 답답하다	☐ 막막하다
☐ 걱정된다	☐ 불안하다	☐ 짜증난다	☐ 슬프다
☐ 서운하다	☐ 외롭다	☐ 무섭다	☐ 부끄럽다
☐ 미안하다	☐ 아쉽다	☐ 실망스럽다	☐ 화난다
☐ 지루하다	☐ 귀찮다	☐ 후회된다	☐ 속상하다

[알쏭달쏭한 감정]

☐ 어색하다	☐ 당황스럽다	☐ 궁금하다	☐ 심심하다
☐ 어리둥절하다	☐ 멍하다	☐ 허전하다	☐ 부럽다
☐ 낯설다	☐ 그립다		

STEP 2. 자주 느꼈던 감정 3가지

자주 느꼈던 감정을 3가지 찾고, 언제 그 감정을 느꼈는지 적어 볼까요?

자주 느꼈던 감정 3가지	언제 주로 느꼈나요?
(예) 뿌듯함	(예) 매일 주어진 숙제를 마무리했을 때

STEP 3. 가장 특별했던 감정 1가지

가장 특별했던 감정 1가지 찾고, 언제 그 감정을 느꼈는지 적어 볼까요?

어떤 감정인가요?	
어떤 상황에 주로 느끼는 감정인가요?	
왜 특별하다고 느꼈나요?	

힘이 되는 말

'말 한마디로 천냥 빚을 갚는다'라는 말을 들어본 적이 있죠? 말은 굉장히 강한 힘을 가지고 있거든요. 말 한마디로 큰 상처를 받을 때도 있지만, 때로는 큰 위로나 용기를 받을 수도 있거든요. 힘들 때 들었던 그 말들이 있었기에, 여러분들이 포기하지 않고 여기까지 성장할 수 있었을 거예요.
지금부터 소중한 말들을 모아 보고, 앞으로도 나에게 힘이 될 만한 응원의 말들을 골라 봅시다. 공부가 힘들 때, 스스로에게 이런 말들을 해주면 다시 힘을 낼 수 있답니다.

STEP 1. 내가 들었던 말 고르기

아래에 소개되는 힘이 되는 말 중에서 들어본 것들을 골라 보세요.

새로운 일을 시작할 때	실수했을 때
☐ "넌 할 수 있어!"	☐ "실수해도 괜찮아!"
☐ "포기하지 마!"	☐ "완벽하지 않아도 돼!"
☐ "다시 도전해 보자!"	☐ "괜찮아, 잘하고 있어."
☐ "힘내!"	☐ "내일은 더 잘할 거야."
☐ "새로운 시작이야!"	☐ "지금도 충분해!"
☐ "믿고 있어!"	☐ "어려워도 함께 하자!"

급한 마음이 들 때	칭찬이 필요할 때
□ "천천히 해도 돼!"	□ "잘하고 있어!"
□ "하나씩 차근차근!"	□ "노력하는 모습이 멋져!"
□ "네 속도대로 가!"	□ "네가 자랑스러워!"
□ "변화는 시간이 필요해!"	□ "오늘도 수고했어!"
□ "조금씩 발전하고 있어!"	□ "네 노력을 알고 있어!"
□ "지금까지 잘해 왔어!"	□ "네가 최고야!"

STEP 2. 힘이 되는 말을 들었을 때의 기분 돌아보기

STEP 1에서 표시한 말들 중에서 가장 기억에 남는 말 하나를 골라 보세요.

- 어떤 말인가요?

- 누가, 언제 해 준 말인가요?

- 그 말을 들었을 때 어떤 기분이 들었나요?

STEP 3. 나에게 해 주고 싶은 말 3가지 고르기

위에서 소개된 말 중에서 지금 나에게 가장 필요한 말 3가지를 골라 보세요.

(예) "천천히 해도 돼!" 항상 빨리 해야 한다는 생각에 조급해졌는데, 내 속도대로 가도 괜찮다는 걸 기억하고 싶어요.

1) 나에게 해 주고 싶은 말

왜 이 말이 필요한가요?

2) 나에게 해 주고 싶은 말

왜 이 말이 필요한가요?

3) 나에게 해 주고 싶은 말

왜 이 말이 필요한가요?

이 말들을 메모지에 적어서 책상이나 필통에 붙여 두면 나에게 큰 힘이 될 거예요!

다짐 선언문

30일 공부 트레이닝이 끝났다고 해서 모든 것이 끝난 건 아니에요. 사실 이제부터가 본격적인 시작입니다. 지금부터는 30일 동안 배운 것들을 바탕으로, 앞으로 어떻게 공부하고 성장해 나갈지 계획을 세우고 다짐을 정하는 시간이에요.

다짐 선언문은 나 스스로와 하는 약속입니다. "나는 앞으로 이렇게 살겠다", "이런 사람이 되겠다"고 스스로에게 약속하는 거예요. 글로 적어 두면 잊어버리지 않고 계속 실천할 수 있답니다. 가끔씩 꺼내어 읽어 보면서 "아, 맞다! 이런 다짐을 했었지!" 하고 다시 힘을 낼 수도 있어요.

STEP 1. 내일부터 실천할 구체적인 계획 세우기

하루 중 실천할 수 있는 작은 계획들을 세워 볼까요?

아침에	(예) 일어나자마자 물 한 잔 마시기
학교에서	(예) 수업 시간에 궁금한 점은 질문하기
집에 와서	(예) 30분 동안 책 읽기
잠들기 전	(예) 오늘 감사한 일 3가지 생각하기

STEP 2. 계속 이어 나가고 싶은 습관 정하기

30일 동안 길러온 습관 중에서 앞으로도 꾸준히 이어가고 싶은 것들을 골라 보세요.

계속 이어 나가고 싶은 습관 3가지	왜 계속 이어 나가고 싶나요?
(예) 매일 아침 계획표 작성하기	(예) 하루를 알차게 보낼 수 있기 때문이다

STEP 3. 나의 다짐 선언문 작성하기

앞으로의 공부와 성장에 대한 다짐을 작성해 봅시다.

1) 저는 앞으로 이런 사람이 되고 싶습니다. (예) 계획을 잘 지키는 사람

1.
2.
3.

2) 앞으로도 꾸준히 이것을 실천하겠습니다. (예) 잠들기 전 내일 계획 세우기

1.
2.
3.

날짜: 20_____ 년 _____ 월 _____ 일

이름: ________________

STEP4. 다짐 선언문, 이렇게 활용하세요!

작성한 다짐 선언문을 실천으로 이어가기 위해 아래 방법을 시도해 보세요.

- □ 다짐 선언문을 책상에 붙여 두기
- □ 일주일에 한 번 정도 다짐 선언문 읽어 보기
- □ 가족 앞에서 다짐 선언문 읽기

여섯 번째 활동

미래를 향한 시도

이제 마지막 활동이에요! 30일 동안의 경험을 바탕으로 여러분의 미래 꿈과 시도를 그려보는 시간입니다. 30일 전의 여러분과 지금의 여러분은 분명히 다를 거예요. 새로운 것을 배우는 재미를 알게 되었을 수도 있고, 내가 생각보다 할 수 있는 일이 많다는 것을 깨달았을 수도 있어요.

또는 정말 하고 싶은 일이 무엇인지 조금 더 명확해졌을 수도 있고요. 이제 그 경험들을 바탕으로 가까운 미래의 목표와 먼 미래의 목표를 그려보려고 해요. 꿈이 있으면 힘들 때도 포기하지 않고 계속 나아갈 수 있거든요!

STEP 1. 가까운 미래의 목표 세우기

1) 올해 이루고 싶은 목표를 세워 볼까요?

올해 꼭 이루고 싶은 목표 2가지	왜 그것을 이루고 싶나요?

2) 2가지 중에서 가장 이루고 싶은 1가지 시도 계획을 정해 봅시다.

- 가장 이루고 싶은 목표 1개를 선택해 볼까요?

- 목표를 달성하기 위해 무엇을 해야 할까요?

____

- 누구에게 도움을 받을 수 있을까요?

____

STEP 2. 먼 미래의 목표를 세우기

먼 미래에 싶은 목표를 세워 볼까요?

1) 초등학교를 졸업할 때까지

(예) 스스로 계획을 세우고 실천하는 학생이 되고 싶어요.

______________ 학생이 되고 싶어요.

(예) 매일 독서하는 습관을 만들고 싶어요.

______________ 습관을 만들고 싶어요.

2) 중·고등학교 때는

(예) 실수를 두려워하지 않고 도전하는 마음가짐으로 학교를 다닐 거예요.

______________ 마음가짐으로 학교를 다닐 거예요.

(예) 동아리 활동이나 봉사활동 경험을 해 보고 싶어요.

______________ 경험을 해 보고 싶어요.

3) 어른이 되면

(예) 사람들에게 도움이 되는 일을 하고 싶어요.

______________ 일을 하고 싶어요.

(예) 따뜻하고 배려하는 마음을 가진 사람이 되고 싶어요.

______________ 마음을 가진 사람이 되고 싶어요.

STEP 3. 꿈을 이루기 위한 계획 세우기

1) 내가 꼭 이루고 싶은 꿈이 있나요?

2) 그 꿈을 이루기 위해 매일 실천해야 하는 것 1가지를 적어 볼까요?

STEP 4. 미래의 내가 되어, 지금의 나에게 편지 쓰기

지금부터 5년 후, 10년 후의 내가 되어 지금의 나에게 편지를 써 볼까요? 미래의 내가 지금의 나를 응원하고, 격려하고, 조언해 주는 내용을 담아 보세요.

편지를 쓰는 날: 20(　　)년 (　　)월 (　　)일

편지를 받는 사람: (　　)살의 나

편지를 쓰는 사람: (　　)년 후의 나

(　　)살의 나에게,

안녕? 나는 (　　)년 후의 너야. 이렇게 새로운 시작을 준비하고 있다는 게 정말 자랑스러워.

앞으로 너는 분명 멋진 사람으로 성장할 거야. 힘들 때도 있겠지만, 오늘의 다짐을 기억하며 한 걸음씩 나아가길 바라. 항상 응원할게!

(　　)년 후의 나로부터

※ 이 편지는 이렇게 보관하세요!

☐ 봉투에 넣어 책상 서랍에 보관하기

☐ 1년 후에 다시 꺼내어 읽어 보기

☐ 힘들 때마다 꺼내어 읽으며 힘내기

30일 공부 트레이닝 정답 모음

Part 1

튼튼한 마음 근육을 키우는 10일

(Day 1)
OX퀴즈 정답: ○, ○
빈칸 채우기 정답: (집중), (과정)

(Day 2)
OX퀴즈 정답: ○, ×
빈칸 채우기 정답: (경험), (대화)

(Day 3)
OX퀴즈 정답: ○, ○
빈칸 채우기 정답: (함께), (스마트폰)

(Day 4)
OX퀴즈 정답: ○, ×
빈칸 채우기 정답: (숫자), (마음)

(Day 5)
OX퀴즈 정답: ×, ○
빈칸 채우기 정답: (반), (심호흡)

(Day 6)
OX퀴즈 정답: ○, ○
빈칸 채우기 정답: (인사), (집중)

(Day 7)
OX퀴즈 정답: ○, ○
빈칸 채우기 정답: (작은), (진심)

(Day 8)
OX퀴즈 정답: ○, ×
빈칸 채우기 정답: (포기), (한 발자국)

(Day 9)
OX퀴즈 정답: ○, ○
빈칸 채우기 정답: (약속), (인정)

(Day 10)
OX퀴즈 정답: ○, ×
빈칸 채우기 정답: (들어주는 것), (공감)

Part 2

똑똑한 공부 습관을 만드는 10일

(Day 11)
OX퀴즈 정답: ○, ○
빈칸 채우기 정답: (소리 내어), (출처)

(Day 12)
OX퀴즈 정답: ×, ○
빈칸 채우기 정답: (한계), (20-30)

(Day 13)
OX퀴즈 정답: ○, ○
빈칸 채우기 정답: (스마트폰), (단순함)

(Day 14)
OX퀴즈 정답: ○, ×
빈칸 채우기 정답: (고민), (성공)

(Day 15)
OX퀴즈 정답: ○, ○
빈칸 채우기 정답: (60점), (작은 부분)

(Day 16)
OX퀴즈 정답: ×, ○
빈칸 채우기 정답: (경청), (질문)

(Day 17)
OX퀴즈 정답: ×, ○
빈칸 채우기 정답: (살펴보는 것), (5)

(Day 18)
OX퀴즈 정답: ×, ○
빈칸 채우기 정답: (우선순위), (집중)

(Day 19)
OX퀴즈 정답: ○, ×
빈칸 채우기 정답: (기억력), (연결)

(Day 20)
OX퀴즈 정답: ×, ○
빈칸 채우기 정답: (절반), (1가지)

Part 3
단단한 공부 실력을 완성하는 10일

(Day 21)
OX퀴즈 정답: ○, ×
빈칸 채우기 정답: (준비 운동), (30)

(Day 22)
OX퀴즈 정답: ○, ×
빈칸 채우기 정답: (표시), (목차)

(Day 23)
OX퀴즈 정답: ○, ×
빈칸 채우기 정답: (질문), (반복)

(Day 24)
OX퀴즈 정답: ○, ○
빈칸 채우기 정답: (생각과 감정), (공통점), (차이점)

(Day 25)
OX퀴즈 정답: ×, ○
빈칸 채우기 정답: (자유 글쓰기), (따라)

(Day 26)
OX퀴즈 정답: ×, ×
빈칸 채우기 정답: (말), (시간)

(Day 27)
OX퀴즈 정답: ○, ○
빈칸 채우기 정답: (문제), (생각하는 시간)

(Day 28)
OX퀴즈 정답: ×, ○
빈칸 채우기 정답: (시간), (입장)

(Day 29)
OX퀴즈 정답: ○, ×
빈칸 채우기 정답: (이유), (설명)

(Day 30)
OX퀴즈 정답: ○, ×
빈칸 채우기 정답: (상황), (꾸준히)

초등 공부 기초 체력

초판 1쇄 발행 2026년 01월 30일

지은이 류창진

책임편집 권정현
표지 디자인 스튜디오 사지
내지 디자인 박은진
마케팅 이유림, 임주성 | **경영지원** 이지원

펴낸곳 파지트 | **펴낸이** 최익성
출판총괄 최익성 | **출판등록** 제2021-000049호

주소 경기도 화성시 동탄원천로 354-28 | **전화** 070-7672-1001
이메일 pazit.book@gmail.com | **인스타** @pazit.book

ISBN 979-11-7152-127-2 (73370)

• 책값은 뒤표지에 있습니다.